実践
英語スピーチ通訳
―式辞あいさつからビジネス場面まで
Textbook for Interpreting Formal Speech

ピンカートン曄子・篠田顕子 著
Yoko Pinkerton & Akiko Shinoda

大修館書店

はしがき　Foreword

　本書の土台となった『通訳のための式辞挨拶ハンドブック』(1995年刊)は，メルボルンの6人の通訳者が，現役通訳者と英語ネイティブの通訳学習者のために作成し，モナシュ大学日本研究センターを通して販売されて好評を博していました。日本では購入しにくいため，何らかの経路でこの本の一部がコピーされて，出典が明らかでないので「幻のあいさつスピーチ」と言われて日本の通訳者や通訳教師の間で利用されていました。

　鳥飼玖美子立教大学教授がモナシュ大学を訪れたときに，「この本，日本で役立つから日本で出版しましょうよ」と薦めてくださったのが本書の日本での出版のきっかけです。日本通訳学会会長の近藤正臣大東文化大学教授に大修館書店を紹介していただき，内容を日本むけに書き換えて出版されることになりました。

　共著者の篠田顕子さんは，1970年代にモナシュ大学で日本語を一緒に教えた同僚です。当時は外国人に日本語を教えるための適当な教科書がなかったので，私たちは教科書や教材作りに追われながら教えたものです。この間，修士論文を書き（篠田さんは女性学，私は日英比較詩論の分野），子育てをしたことも2人の共通点でした。日本語教師になる前は2人とも日本で通訳や翻訳に携わっていたことが影響してか，篠田さんは日本へ帰国してから会議通訳者・通訳教師として成功の途をたどり，私もメルボルンで通訳・翻訳の仕事にもどり，その後，モナシュ大学大学院の通訳・翻訳専攻課程を設置して教えることになりました。このように，同じようで違う道をたどった2人がまた一緒に教科書を執筆することになるとは，人生のめぐり合わせを感じずにはいられません。

　前書となった『ハンドブック』の著者の快い了解をはじめ，コラムを執筆してくださった通訳仲間，ビジネススピーチを書いてくださった方々，日本通訳学会の理事の方々，日本語教師の友人や国文が専門の高校時代の友人，英語をみてくださった人，以前海外の日本企業に勤めていた方，そ

の他いろいろな方のアドバイスとお力添えがあって本書は実現しました。ここに，心からのお礼を申し上げます。

　また，発行まで親切に導いてくださった大修館書店編集第二部部長の飯塚利昭氏に感謝を捧げます。

　　2005 年 4 月

　　　　　　　　　　　　　　　　　　　　　　　　　　著者しるす

本書のねらいと内容

目的と対象利用者

　本書は次の2つの目的のために書かれました。
❶スピーチの儀礼的な部分の日英通訳を学習する
❷日本人が英語でビジネススピーチをするための準備をする

したがって，次の4つのグループの方々が対象になっています。

(1) 日英通訳の学習者，または養成課程中の方
(2) ビジネスコミュニケーション，または異文化コミュニケーションの学習者
(3) ビジネスの場面で英語でスピーチをする必要のある方
(4) 現役通訳者

　本書は通訳やコミュニケーションのクラスの教科書としても，1人で学ぶためにも，また上記の(3)(4)の場合でしたら参考書としても利用できます。英語ネイティブの日英通訳者・学習者にも役立つように配慮されているのも，この本の特徴です。

内容と構成

- 通訳の方法，スピーチの種類と目的の分類。スピーチの基本構造と実例（第1章）
- 通訳やスピーチをする際の音声面と非言語面について（第1章）
- 日本語あいさつと英語あいさつの特徴と通訳（第2章）
- 代表的な呼びかけ・敬称（第3章）
- スピーチのあいさつ部分の典型文型を分析する（第4章）
- スピーチの場面別・目的別の例文（第5章）
- 日本人によって書かれたビジネススピーチをコメントし，添削する。英語ネイティブによるサンプルを添付（第6章）
- 通訳のためのノートテイキング法とノート例（第7章）

- 会議・会合での形式と手順と通訳を指導する（第 8 章）
- 通訳の依頼を受けてから業務完了までの手順と注意事項。通訳理論・倫理の考察（第 9 章）
- スピーチの全文実例による通訳練習（第 10 章）
- 表現のバリエーションを目的別にまとめた日英あいさつ表現集（付録 I）
- 英語ネイティブのための式辞あいさつ表現の説明，あいさつ表現と普通の言い方の対照表，漢字の読み方リスト（付録 II，III，IV）

　各章の演習問題は，クラスでのペアワーク，勉強グループ，自習などでもできるもので，短文通訳練習から長文通訳練習，スラッシュ・リーディング，ノートテイキングに支えられたパラグラフごとの通訳，全文通訳練習と，難易度がすすみます。
　　注）学習者には人工的に作られたスピーチよりも生のもののほうが喜ばれることを考慮して，本書に掲載したスピーチは，現場で通訳された原稿を，固有名詞や数字，長さなど一部を変更して使用しました。

スピーチのよりよい通訳とビジネススピーチのプレゼンテーションに備えるために

　スピーチで頻出する決まり文句を日英対訳で集めた例文集はすでに存在しますが，本書では単に例文をリストするのでなく，いろいろな角度からスピーチのあいさつ部分を分析・理解する過程を経てより効果的に学習できるように工夫しました。スピーチでは一定のパターンに従って共通した表現が使われますので，たとえスピーチ原稿が手に入らなくても，これらを事前に練習して準備することにより，よい通訳パフォーマンスに備えることができます。本書はそのような準備のための演習を多く採り入れた教科書です。

What this book contains

For whom is this book written
This textbook has been created with the intention of aiding interpreters and interpreter students to learn the conventions of formal speech and its special expressions in preparation for satisfactory interpreting performance. It is intended for both native Japanese with a high level of English as well as native English readers whose competency in Japanese is very high. This book is suitable both for class learning and self-study.

Effective learning method
Speeches for a formal function frequently use conventional words and expressions. A good working knowledge of such prescribed patterns and expressions in both languages will ensure successful interpreting, appropriate to the occasion. It was considered likely to be more effective, in terms of understanding and memory retention, to analyse the set expressions from a number of perspectives, rather than simply providing a list of those expressions in formal speech. This method includes providing an overview of speech structure and grammatical patterns, a list of interchangeable phrases and also categorizing expressions into groups according to situation.

Special provisions for native English readers
To assist native English speakers, the following special information is provided.
- An English text on the features of Japanese formal speech (Chapter 2)
- English explanation on linguistic features of Japanese formal speech (Appendix II)
- Comparative list of expressions in formal speech and normal speech (Appendix III)
- A list of readings of selected *Kanji*. (Appendix IV)

目　次
Table of Contents

はしがき　*iii*
Foreword

本書のねらいと内容　*v*
What this book contains

（✿と数字のある章のスピーチはCDに収録されている。数字はトラック番号を示す）

第1章　式辞あいさつとビジネススピーチの基本（✿ *1〜4*） 1
　　　　The Basics of Formal Speech and Business Speech

第2章　スピーチの日本語あいさつと
　　　　　　英語あいさつの特徴と通訳 17
　　　　The Features and Interpreting of Japanese and English Formal Speech

第3章　呼びかけ 26
　　　　Forms of Address

第4章　あいさつの典型文型（✿ *5*） 37
　　　　Common Patterns

第5章　場面別・目的別の頻出表現（✿ *6, 7*） 58
　　　　Expressions by Situation and Purpose

第6章　英語のビジネススピーチ 68
　　　　Making a Business Speech in English

第7章　逐次通訳のためのノートテイキング（✿ *8, 9*） 101
　　　　Note-taking for Consecutive Interpretation

第8章　会議・会合での通訳（✿ *10〜13*） 114
　　　　Interpreting for Conferences and Meetings

第9章　通訳業務の実践ガイド ……………………………135
　　　　Handling Interpreting Assignments
第10章　スピーチ全文実例（✿ *14〜19*） ……………………149
　　　　Speech Samples

［コラム］
①パーティー・スピーチは楽じゃない　16
② Interpreter : Advocate or Conduit?　25
③ちゃんばら，出るぞ！　36
④「そんなきれいごとではないですよ」って!?　57
⑤ Proverbs, a 'double-edged sword'　67
⑥カニバリとほうれんそう　113
⑦チャイはお茶にあらず　134
⑧「がんばります」は要注意　148

付録
Appendices
Ⅰ．グループ別語句リスト ……………………………………166
　　Grouped Words and Phrases
Ⅱ．英語ネイティブのための式辞あいさつ語句の説明 …………181
　　Some Conventions and Linguistic Features of Japanese Formal Speech
Ⅲ．あいさつ表現と普通の言い方の対照表 ……………………187
　　Comparative List of Expressions in Formal Speech and Normal Speech
Ⅳ．漢字の読み方リスト ………………………………………195
　　List of *Kanji* Readings

付属CD
　［吹込者］　　谷島かほる
　　　　　　　山田誠浩
　　　　　　　Anita Sugunan
　　　　　　　Jon Mudryj
　［録音・製作］財団法人　英語教育協議会

第1章　式辞あいさつとビジネススピーチの基本
―― Chapter 1. The Basics of Formal Speech and Business Speech

> **この章の目的**
> ①通訳の方法と種類を分類し，その中で式辞あいさつとビジネススピーチが含まれる場面としてはどのようなものがあるかを概観する。
> ②日英両語のあいさつのスピーチとビジネススピーチの基本的な構造と内容を実例に沿って明らかにする。
> ③スピーチを通訳する際の音声面と非言語面の注意点を学習する。

1. 通訳の方法と種類

通訳の方法

通訳には次の3つの方法（形態）が使われる。

(1) 逐次通訳（consecutive interpreting）

　話し手のあるまとまった発言が終わったらすぐに通訳する方法。つまり，話し手と通訳者が交互に話すやり方で，発言の区切りは一定していないため，内容の記憶保持と再生に役立てるために通訳者はノートを取りながら聞いて，それを使って通訳する。逐次通訳には2種類ある。1つは2人あるいはそれ以上の人が会話体で行う話を通訳するもので，これは対話通訳（dialogue interpreting）と呼ばれる。もう1つの逐次通訳はスピーチの通訳で，1人の話し手が多人数の聴衆に向かって話すのを通訳する。
　対話形式の通訳では，話し手に質問して意味を確かめたり，区切りを短くしてもらったり，ゆっくり話すように頼むことが可能だが，スピーチの通訳ではそのようなインターアクションができない。そのうえ，逐次通訳は正確さと完成度の高い訳が求められるので，緊張が続いた精神状態で通

訳をする。特に最近は，何年も英語圏で仕事をしたり勉強をしたりした人たちを含めて，英語能力が高い日本人が増えている。そういう人たちはちょっとした誤訳や情報の欠陥にも気がつくことを考えると，数時間休みなしに通訳をするのは通訳者にとってストレスの大きい仕事である。さらに，言葉が商売道具である通訳者は，最も適切な日本語と英語を使いこなして，音声も訳も聞いて気持ちがよくわかりやすいよいパフォーマンスをすることにも神経を使う。以上の理由から，「通訳は逐次から入り，逐次で終わる」とよく言われるように，スピーチや講演の逐次通訳は最高に難しい通訳形態だと考えられている。

(2) 同時通訳（simultaneous interpreting）
　話し手の発言を聞きながら同時に通訳をする。これは特に多人数が参加する長時間にわたる会議や会合に用いられる方法で，国際会議はほとんどがこの方式である。そのため同時通訳者は「会議通訳者」（conference interpreter）と呼ばれている。通訳者は同時通訳用の設備や機材が備え付けられているブースに入って話し手とほぼ同じ速度で通訳をする。通常，3人の通訳者が一組になって，15分から20分交代で通訳と補佐を順番にして通訳をする。

　同時通訳では逐次通訳ほど訳文に完成度が求められないし，同時に日本語と英語の両方を聞いて正確さをチェックしている人もいないだろうから，幾分楽な気持ちで通訳ができる。けれども，正確に，情報は1つも落とさず，わかりやすい訳文で，しかも聴衆が心地よく聞けるようなテンポと口調でのパフォーマンスを目指す人には，永遠に奮闘の続く道である。

(3) ウィスパリング通訳（whispering interpreting）
　方法は同時通訳と同じだが，これには2つのやり方がある。1つは，通訳用の設備や機材を使わずに，話し手の発言を肉声で聞いて，それを耳元でささやいて通訳する。これは，会場の中で通訳を必要とする人が1人しかいないような場合に使われる方法である。もう1つの方法は，例えば通訳を必要とする人が少人数の場合，パナガイドと呼ばれる機材により，通訳者は話し手の発言を受信機をとおして聞き，発信機をとおしてその人たちだけのために通訳をする。この方法では，通訳者は耳元でささやかなくてもいいが，会場の中で通訳をするためにやはりささやくように話さなければならない。日本で行われる会議・会合では外国人の参加人数が

少ないために，ウィスパリング通訳の方法をとることがある。
　しかしながら，実際には，ウィスパリング通訳は企業内のミーティングや夕食会などに限られていて，ほとんどの国際会議は同時通訳，そして講演会は同時か逐次で行われている。

通訳の種類と場面
　通訳の種類は分類のしかたによって違いがあるが，ここでは業務内容別に分類した，次の11種類を挙げる。

(1) 会議通訳
　　国際会議，学術会議，講演会，シンポジウム，セミナーなどでの通訳
(2) 官・民組織交流の通訳
　　政府機関や地方自治体の組織などが外国と交流する場での通訳
(3) 一般通訳
　　この通訳のテーマは広範囲に及び，対話形式による通訳をはじめ，関連企業・関連事業や教育機関による訪問先での通訳も含む。
(4) 商談・ビジネス通訳
　　外国企業との商談・交渉などビジネスを目的としたミーティングや，商品のプレゼンテーション，企業の経営状況の説明。海外からの企業人，顧客，各種業界団体，政府関係者，研修生などの訪問に同行し，訪問先の案内や説明を通訳する「企業視察」(technical visit, TVともいう) と呼ばれる業務もある。多国籍企業に関連する役員会での通訳
(5) コミュニティー通訳
　　労働，医療，介護，福祉，教育，司法，行政サービスなど，外国人の生活に直結した問題の解決を助けることを主な目的とした支援的通訳。コミュニティー通訳という分野は移民が多い国で確立しているが，日本ではまだ明確な定義づけがなく，その内容の多くは都道府県が運営するボランティア通訳者によってカバーされている。
(6) 随行通訳
　　企業視察などの目的で訪れた外国人を出迎え，訪問先に案内する。途中の観光案内，簡単な話し合いや工場見学などの通訳をすることもある。
(7) 通訳コンパニオン

博覧会や国際見本市などで案内や展示物の説明をしたりする。
(8) ガイド通訳
観光案内が主な仕事だが，一般通訳の領域に及ぶこともある。
(9) 放送通訳
テレビ，ラジオの番組の通訳
(10) 警察・法廷通訳
警察での取り調べや，法廷で必要とされる通訳。近年日本では，司法通訳と医療通訳の制度化の動きが見られる。
(11) 電話通訳
2人の話し手と通訳者の3者を電話でつないでする通訳で，一般的な会話の通訳や商談通訳，コミュニティー通訳が主な内容

儀礼的な部分が入るスピーチの場

上述した通訳の種類のなかで，スピーチが行われるのは，①会議通訳，②官・民組織交流通訳，③一般通訳，④商談・ビジネス通訳である。これら4種類のスピーチの内容はそれぞれ大きく違うが，共通していることは，会合があればスピーチがあり，スピーチがあれば必ず儀礼的な部分がスピーチに含まれるということである。次のリストは，通訳を必要とする儀礼的な部分があるスピーチが行われる場をさらに，式辞あいさつとビジネススピーチの分野に分けたものである。

注）会議通訳に関しては，第8章「会議・会合での通訳」にまとめた。

(1) 式辞あいさつが行われる場面
・表敬訪問（courtesy call）
官公庁代表や地方自治体を代表する団体，民間の団体などが，州，県，市などの関連組織をあいさつの目的で訪問するとき
・官・民組織・団体の文化的交流の場
姉妹提携を結んでいる県，都市，学校などの組織・団体代表が友好的・文化的交流の目的で訪問するとき
・式典の場
主に上記文化的交流に関連して行われる記念式典，祝賀会，姉妹都市提携式典，授賞式など
・関連事業や関心分野を視察する場
教育，医療，福祉，政治制度，公共施設，企業，工場など

- 催し物，イベントの場
  展示会，伝統文化の実演，スポーツ大会など
- 上記全ての訪問に関連して行われる各種パーティーの場
  歓迎パーティー，レセプション，昼食会，晩餐会，送別会など

(2) ビジネススピーチが行われる場面
- 国際的なビジネス関係の会合
  テーマは各種専門分野に及ぶ
- 企業，顧客，研修団など訪問の場
  得意先あるいは関心のある企業や研修団が，企業，工場を訪問，視察するとき
- 多国籍企業が行う式典の場
  合弁会社の締結式典，新会社設立や現地工場の操業開始の記念式典や祝賀会など
- 関連企業の会合の場
  企業内容の説明，新製品の説明，調査結果の発表など
- 多国籍企業間の会合の場
  企業の子会社，代理店の会議や役員会，株主総会など
- 物産展，展示会など催し物の開催，閉会の場
- 上記全ての訪問，会合に関連して行われる各種パーティーの場
  歓迎パーティー，レセプション，昼食会，晩餐会，送別会など

2．スピーチの基本構造

　異文化交流の場でのスピーチの基本構造は，どんな内容のスピーチであっても，また，スピーチが日本語でも英語でも

　　　呼びかけ
　　　出だし
　　　本論
　　　結び

という4部構成が基本である。そのうち，儀礼的な部分にあたる，呼びかけ，出だし，結びは，一定のパターンがあって，バリエーションとしての各種表現と語句を入れ替えればいいので，通訳のための準備には好都合である。

6　第1章　式辞あいさつとビジネススピーチの基本

　ビジネススピーチではあいさつの部分が比較的簡潔で，本論の部分は，現状を述べる，自社の業績を誇る，要請する，今後の展望など，スピーチの目的により内容が一定していない。一方，式辞あいさつは，目的そのものがあいさつであるから，本論の部分も双方の関係の発展や成果を称えたり，訪問先の国や人々や施設に敬意を表したり，訪問の意義を述べたりなど，その内容に使われる語句・表現はかなり一定している。その特質を利用して，スピーチの予測される展開を理解し，テーマ別の頻出語句をすぐに訳せるように学習しておくことは，スムーズなよい通訳につながる。

　では，式辞あいさつとビジネススピーチの日本語と英語の実例を2つずつ，計4つの実例で全体の流れを見てみよう。
　　注）実例と訳例には，下線を引いて番号を振っているところがある。これは，日本語あるいは英語の訳し方に注目してほしい語句・表現を示す。
　　　スピーチの儀礼的部分に焦点をあてるため，また，スペースの関係上，「本論」の部分が省略されているが，例1と例3のスピーチは，第10章に全文と訳文が掲載されている。
　　　実例の右側には，その個所のテーマを記した。各テーマのバリエーション用の語句や表現は，第4章「あいさつの典型文型」，および付録Ⅰ「グループ別語句リスト」に豊富に収録されている。

《例1．式辞あいさつ》（☆1）
富山県とオレゴン州との友好提携締結レセプションにおける富山県知事のあいさつ（富山市）

(1) 秋の結婚シーズンもたけなわとなっておりますが，本日，ブラウン知事をはじめオレゴン州の皆様を①<u>お迎えし</u>，富山県とオレゴン州の友好提携締結調印式を②<u>滞りなく終える</u>ことができました。③<u>ここに</u>，オレゴン州の皆様はじめ，④<u>ご来賓の皆様</u>，そして⑤<u>県内各界の代表の皆様方</u>に心からお礼申し上げる次第であります。	出だし 調印式完了の喜びとお礼 (呼びかけは文中におりこまれている)
(2) （略）この日がアメリカの独立戦争が終わり，自由と平和な国づくりが始まった日であること	
(3) （略）オレゴン州の特徴について	

(4) このような特徴を持つオレゴン州は富山県と多くの共通点があり，本県にとりまして最良のパートナーであると思っております。今後とも人的交流や経済交流をとおして⑥末永く親しくお付き合いしてまいりたいと思います。⑦よろしくお願いいたします。

(5) おわりに，オレゴン州の限りないご発展と，ブラウン知事はじめオレゴン州の皆様，ならびに本日⑧ご臨席の皆様方のご健勝とご活躍を⑨祈念いたしまして，閉会のあいさつといたします。

結びへの準備
双方の共通点をあげる
今後の発展を期待する

結び
相手側の繁栄を祈る

Example 1. Formal Speech (Translation)
Speech by the Governor of Toyama Prefecture on the occasion of a reception to celebrate the conclusion of the sister-state relations between Toyama and the State of Oregon. (Toyama)

(1) Autumn is the wedding season in Japan. A very special wedding took place here in Toyama today — a wedding between Toyama Prefecture and Oregon State. ② We have had a very successful ceremony ① with participation of guests from Oregon including Governor Brown. I would like to take this opportunity ③ now to thank deeply the people in Oregon, ⑤ guests from our own Prefecture and ④ all present for making it possible to establish this sister-state relationship.

(2) (Omission — significance of this day in America, hence appropriateness of the day for the ceremony)

(3) (Omission — the features of Oregon)

(4) Toyama shares many of these qualities and in that respect, we feel very strongly that Oregon is our best and ideal partner. ⑥ We look forward to many years of friendly

contact and exchange, including economic exchange as well as exchange of persons. ⑦ _____.

(5) ⑨ I would like to conclude by wishing the State of Oregon a prosperous future, and happiness and good health to Governor Brown, the people in Oregon and ⑧ everyone present today. Thank you very much.

《**Example 2. Formal Speech**》(☆ 2)
Speech by the Governor of State of Utah to welcome the Governess of Chiba Prefecture and her party to Utah. (Salt Lake City)

(1) Governess Suzuki and her party, distinguished guests,	呼びかけ
(2) ① On behalf of the people of the State of Utah, I am deeply honoured to welcome you and your party to Utah for your first visit since we concluded the Culture Exchange Program between Chiba Prefecture and our State.	歓迎する
(3) I had the great pleasure of visiting your beautiful country last autumn. The people of Chiba ② welcomed my wife and me with open arms, and ③ left us deeply impressed by their warmth and ④ their society, which blends the ancient traditions with modern technologies.	日本国を称える 歓待されたお礼
(4) We are honoured, Ms Suzuki, ⑤ to have had the opportunity to host you and your official party. During the next week, ⑥ we will have the opportunity to return ⑦ the hospitality that you showed us in Japan.	お返しができる喜び
(5) (Omission — the future plan for the Culture Exchange Program)	
(6) Your Excellency, ⑧ our commitment to common ideals is firm and our determination to work with you is strong. ⑨ Our welcome	結び 交流の成功への決意 訪問を期待する

to you today is sincere and heartfelt. ⑩ We are privileged to receive you in the State of Utah.

例2．式辞あいさつ（訳例）
千葉県知事とその一行の訪問を歓迎するユタ州知事によるあいさつ（ソルトレーク市）

(1) 鈴木千葉県知事ならびにご一行の皆様，ご列席の皆様，
(2) 千葉県からお越しくださった皆様を，①ユタ州の州民一同と共に心から歓迎いたします。千葉県とユタ州が文化交流プログラムを提携してから最初のご訪問をたいへんうれしく思います。
(3) 昨年の秋に妻と一緒に美しい日本国を訪れた折には，千葉県の皆様からの②真心のこもった歓迎を受けて，心温まる思いでいっぱいでした。古い伝統と先端をゆく技術が溶け合っている④皆様の生活に③深く感動いたしました。
(4) この度の鈴木知事とそのご一行の当地へのご訪問は，私どもが⑤歓待できるすばらしい機会だと思っております。この1週間の滞在の間に，⑦私どもが受けた厚いもてなしのわずかでもお返しすることができれば⑥うれしく思います。
(5) （略）文化交流プログラムの計画と抱負
(6) このプログラムに対する⑧千葉県とユタ州の理想は一致しており，その実現に向けて共に最善の努力を惜しまない堅い決意を持っております。⑩皆様の訪問をたいへん光栄に存じ，⑨いまいちど，心よりの歓迎を申し上げるしだいです。

《例3．ビジネススピーチ》（✿ *3*）
現地企業デンカオーストラリア社設立30周年を記念する式典における，石田本社社長によるスピーチ（メルボルン市）

(1) ビクトリア州首相ロバート・グレイ閣下，州工業大臣スティーブ・ベイカー様，日本総領事の渡辺様，FCAI会長のモーガン様ならびにご列席の皆様，	呼びかけ
(2) 本日は私どもの30周年記念式典にご臨席賜り，ありがとうございます。①私自身もこの式典に参列でき，皆様の②日頃のご愛顧，ご支援に感謝申し上げることができ，光栄に存じます。	式典参列へのお礼 支援への感謝
(3) （略）デンカオーストラリア社のオーストラリア自動車産業と社会への貢献	
(4) （略）デンカオーストラリア社がデンカ国際事業に及ぼす影響	
(5) （略）デンカグループの抱負	
(6) ③政府関係者，お得意先，サプライヤーの方々，④組合関係者，そして皆様方に，30年の⑤ご愛顧，ご支援に感謝申し上げると共に，今後も⑥お互いに強固なパートナーシップが築かれることを心より期待しております。	支援に再び感謝 将来への期待
(7) 皆様の⑦末永いご多幸をお祈り申し上げ，⑧私のあいさつとさせていただきます。ありがとうございました。	結び

Example 3．Business Speech（Translation）
Speech by Mr Ishida, the president of Nihon Denca Co. on the occasion to celebrate the 30th anniversary of establishment of Denca Australia.（Melbourne）

(1) Your Excellency Robert Gray, the Premier of

the State of Victoria; Mr Steve Baker, the Industry Minister of the State of Victoria; Mr Watanabe, Consul-General of Japan in Melbourne; Mr Morgan, the President of FCAI; distinguished guests, ladies and gentlemen.
(2) I would like to thank you for your attendance today at our 30th commemoration ceremony. I am very pleased to be here with you ① <u>as it gives me an opportunity to express in person</u> our great appreciation for your support and ② <u>assistance with Denca</u>.
(3) (Omission — contribution of Denca Australia to the Australian automotive industry and society)
(4) (Omission — importance of Denca Australia in relation to Denca's international operations)
(5) (Omission — what Denca Group wishes to achive)
(6) I would like to thank ③ <u>the Government officials</u>, our clients, suppliers and ④ <u>union officials</u> and our guests who ⑤ <u>have all extended your kind attention</u> and support for the last 30 years. I look forward to ⑥ <u>working together to maintain and even strengthen our partnership</u>.
(7) ⑧ <u>I close by</u> ⑦ <u>wishing you continued success and happiness</u>. Thank you.

《Example 4. Business Speech》(☆ 4)

Opening address by Mr Tan Chai Puan, President of the Malaysian Petrochemicals Association at the Plenary Meeting of the Asia Petrochemical Industry Conference. (Taipei)

(1) Mr Preston Chen, Chairman of Petrochemical Industry Association of Taiwan; Mr Masao Takagi, Chairman of Japan Petrochemical Industry Association; Mr Ting Yian-Ann, Chief Delegate of Singapore | 呼びかけ

Chemical Industries Council; ladies and gentlemen,	
(2) ① <u>On behalf of</u> the Malaysian Petrochemical Association, I would like to ② <u>congratulate</u> the Conference Steering Committee for ③ <u>successfully organizing this event</u> for the second year.	主催者へのお礼
(3) (Omission ― current state of the Malaysian petrochemical industry in relation to the Malaysian economic situation)	
(4) (Omission ― the recent increase of investments in the petrochemical industry and the governmental support for the industry)	
(5) (Omission ― positive future development as the result of implementation of ASEAN Free Trade Area)	
(6) Finally, I would like to again ④ <u>congratulate</u> the Petrochemical Industry Association of Taiwan ⑤ <u>for doing an excellent job</u> in organizing this event. Through this event, let us look forward to a greater cooperation amongst the members of the Asian petrochemical group, that would enhance and strengthen the Asian petrochemical industry ⑥ <u>to grow further dynamically.</u>	主催地の団体へのお礼 今後の発展への期待
(7) ⑦ <u>With this note</u>, thank you.	結び

例4．ビジネススピーチ（訳例）
アジア石油化学工業会議（APIC）におけるマレーシア石油化学協会会長 Tan Chai Puan 氏による本会議閉会のあいさつ（台北市）

(1) 台湾石油化学工業協会会長プレストン・チェン様，日本石油化学工業協会会長高木正男様，シンガポール化学工業評議会代表ティン・イアナン様ならびにご参会の皆様，

(2) マレーシア石油化学協会を①代表しまして，当会議の実行委員会の働きにより，設立2

年目にして③このように盛大な会議を開催できましたことを②心からお喜び申し上げます。
(3) （略）マレーシアにおける石油化学工業の現状
(4) （略）石油化学工業に対する近年の投資の増加と政府の協力態勢
(5) （略）ASEAN自由貿易協定に伴う今後の発展の明るい見通し
(6) 最後になりましたが，⑤このように立派な会議を準備してくださった台湾石油化学工業協会の皆様に④拍手を送りたいと思います。皆さん，この会議をとおして，アジア石油化学工業会議のメンバーが協力し合って，我々の工業を⑥さらなる発展に導こうではありませんか。
(7) ⑦強い願いをこめて，閉会の言葉といたします。

3. スピーチ通訳の音声面と非言語面

デリバリー

　通訳は音声を使って伝える仕事なので，正しく訳すだけでなく，声として聞きやすい通訳であることが大切である。大勢の聴衆を前にしてするスピーチの通訳は，特に音声による表現（delivery）が優れていることが要求される。音声面での聞きやすい通訳は，次の5つの項目が正しく行われてはじめて成立すると言える。

(1) 声の質と声量
　　はっきりとした大きな声。小さい声や低い声，こもった声は聞きにくい。
(2) 発音
　　各語彙の正しいアクセントと発音（英語ネイティブ通訳者は，日本語として使われる外来語や英語の人名や地名などを日本語で伝えるときに，英語の発音にならないように注意する）。

キーワードなど，強調して発音する工夫をする。
おかしな話し方のくせがないこと。
(3) イントネーション
声の高低をつけて，スピーチ全体の抑揚を考える。
(4) 速度
流暢な話し方。
言いよどみ，言い間違い，繰り返し，冗語（えー，あー，おー，あの, um, uh, you know など）を避ける。
早口やゆっくりすぎる話し方は聞きにくい。
逐次通訳では，言語の切り替えをスピーディーにやると効果的。
(5) ポーズの入れ方
どんなに正しい訳でも，どんなに流暢でも，間がないと，あるいは間の取り方が正しくないと理解できない。

以上 5 つの項目を正しく行うことがよい通訳と評価されることにつながるので，通訳者ははっきりとして明瞭で，聞きやすいデリバリーをする練習をおろそかにできない。スピーチ原稿のキーワードに印をつけたり，ポーズのための印としてスラッシュを入れるなど，自分で工夫して，大きな声で日本語と英語の原稿を読むことによる練習を積んで，通訳に備えよう。

非言語も含めたパフォーマンス
話し手のすぐ横に立ってするスピーチの通訳は会場の注目を浴びることになるので，非言語，つまり身体言語（body language）にも注意しなければならない。通訳者は話し手と違って身振りを入れたり，聴衆を見まわしたりすることはしないが，原稿やノートテイキングを見ることに気を取られて下ばかり向いていないで，時々聴衆に視線を向けてインターアクションをとることも大切である。そして，たとえ緊張していても，なごやかな表情で落ち着いた態度で通訳することは，聴く人にとっても，通訳者にとってもよい結果を生む。

改まった場で，大勢の人の前で話す通訳者は，その場にふさわしい服装で臨むことは言うまでもない。また，ペンやペンダントをもてあそんだり，髪をかきあげたり，ポケットに手を入れたり，あごをなでたり，自分では気がつかないちょっとした癖を，ビデオに撮って直すように心がけよ

う。
　通訳に対する評価は，①訳が正確で聞きやすい，②音声面ではっきりと聞き取りやすい，③身体言語では感じがいいこと，この3つの点を総合して，「信頼感と好感を与えるよいパフォーマンス」とされる。要するに，内容がわかりやすく聞けて，それが心地よく伝わってくる，そして見ていて感じがいい通訳者が高い評価を受ける。通訳には，自分で工夫して練習を積み，できる限り準備をするなど，本人の努力しだいで改善できる面が多くある。それを念頭において努めよう。

【演習問題1】
1章のスピーチの実例4つをシャドウイング（CDに録音されたスピーチを聞きながら同時にそのとおりに繰り返す）しなさい。

【演習問題2】
1章のスピーチの実例4つとその訳例の読み上げ練習をしましょう。特に難しい発音やアクセント，イントネーションを練習し，ポーズをおく個所や強調すべき個所，スピードを落とす個所に印を入れるなど自分で工夫して，聴衆が聞きやすいようにはっきりとした大きな声で流暢に読みなさい（第2章ではクラスメートなど人の前で原稿を読みます。1章はその準備です）。

【演習問題3】
上の演習問題2で読んだスピーチを録音して，デリバリーの5つの項目に照らし合わせて自己評価しなさい。

◆コラム①◆

　　　　パーティー・スピーチは楽じゃない
　　　　　　　　　　　　　　　————————篠田顕子

　生まれながらにしてスピーチ上手という人はない。こんなジョークがある。ある男がアフリカの草原でライオンに遭遇した。今にもガブリと襲ってきそうなライオンを前に，男は叫んだ。"Speech before you eat!（食べる前にスピーチを！）"。それを聞いたライオンはがっくり肩を落とし去っていった。スピーチをするくらいなら，せっかくのごちそうもあきらめるというのだ。でも人間は「スピーチは苦手」なんて言ってられない。
　国際会議にはパーティーが付きものだ。一日中，小難しい議論をしてきた。これからはお酒でも飲みながらくつろいで親睦を深めようというわけだ。こういう宴席にはごあいさつが付きもの。「ささやかな宴ではございますが，皆さま，どうぞごゆるりとご歓談ください」といった主催者側のあいさつ。それに対する招待客側の返礼。当然，ここにも通訳が必要になってくる。同時通訳じゃないし内容も難しいことは出てこないからと，まだキャリアの浅い駆け出し通訳者が送り込まれることが多い。
　しかしこのパーティー通訳，実はなかなかたいへんな仕事なのである。シャンデリアがきらめくホテルの大ホールで，数百人もの客を前に通訳するのだ。なかには極めて社会的地位の高い人や，英語が堪能な人もいる。皇室の方がお出ましのこともある。よほどの経験と神経を持ち合わせていないと，その場の雰囲気に圧倒され，気後れしてしまう。ブースの中で誰にも見られず同時通訳に専念している方が，よっぽど楽だ。「箱入り通訳」は聞いてわかってもらえる訳をしていればそれでいいが，「パーティー通訳」は，「聞かせる訳」と「見られる役」の両方をしなければならない。いかにも楽しそうに，会場の雰囲気を盛り立てながら。
　目の前にごちそうが並んでいる場で，長々とスピーチをされると，うんざりする。さすがにそういう人は近年少なくなったが，かつてある労働組合の議長が海外の組合団体を迎えた立食パーティーでされた名スピーチが，忘れられない。「日本の工場は効率性 efficiency では世界的に有名だけれど，式典やパーティーになると，どうもダラダラとごあいさつが続き，ちっとも efficient ではなくなる。今夜私は工場に負けぬ efficiency を発揮して，さっさとスピーチを切り上げることにします。さあ，皆さん，食べましょう！」。彼のスピーチはやんやの喝采を受けた。

第2章　スピーチの日本語あいさつと英語あいさつの特徴と通訳

──Chapter 2. The Features and Interpreting of Japanese and English Formal Speech

> この章の目的
> ①日本語の式辞あいさつとそれに相応する英語のあいさつのスピーチ formal speech の意味と内容を，日英両語の文化的および言語上の習慣の観点から明らかにする。
> ②式辞あいさつと formal speech の特徴を理解することにより，よい通訳の方法を考察する。

1．式辞あいさつと formal speech

　日本の式辞あいさつは「式辞」と「あいさつ」の2つの語から成り，厳密には，事前に書かれた原稿を式場で読み上げる場合を「式辞」と言い，原稿なしでその場で即興でするスピーチを「あいさつ」と言って区別する。けれども，この区別は多くの場合守られずに，しばしば「式辞あいさつ」と1語として使われる。また，「あいさつ」と言っても，それほど格式張った場ではなく，かなりカジュアルな場でも，事前に用意した原稿を読み上げることが多く見られる。

　英語には「式辞あいさつ」にあたる言葉がないので，これは通訳・翻訳上不便に感じられる。「式辞あいさつ」の英訳は，speech/address on ceremonial/formal occasions だが，これでは記述的で不便なので，本書では formal speech という言葉を使っている。けれども，英語ネイティブに formal speech と言ってもよくわからない，あるいはそれは正しくないとまず否定されるのが現状である。ところが，その意図する意味を説明すると，英語には1語で表せるぴったりした言葉がなく，ceremonial speech は意味として近いけれど語感がおかしいから，やはり formal speech と言う以外にない，という結果になる。

2. address と speech

このように英語には「あいさつのためのスピーチ」という言葉はないが，スピーチには speech と address という2つの言葉がある。この言葉は場に応じて使い分けられ，明確に区別することは難しいが，名詞の speech は広い意味で聴衆に向かって話すことを指し，address は speech の一種に位置すると言える。一般的に言って，ある組織や団体を代表する役職の人がする話は speech よりも address と呼ばれて，その性格上，事前に準備されたもの，あるいはあらかじめ案を練ったものが使われる。この点では日本語の「あいさつ」と同じである。

けれども，address を動詞として使った場合，日本語の「あいさつ」の範囲にとどまらないのである。例えば政治的な内容の演説でも Mr/Mrs [Name] will address the meeting. と言うので，この場合の address は「会場の一同に話をする」という意味で，日本語の「講演をする」，「演説をする」と同じ意味で使われている。speech と address という言葉の使い方は微妙にして複雑である。

3. 英語のスピーチのユーモア

英語のスピーチの特徴というと，ユーモアを取り入れて聴衆を笑わせるということがよく指摘されるが，どのスピーチもユーモラスであるとは限らない。一般的に言うと，格式ばった儀式の場では聴衆を笑わせることはほとんどしない。けれども，インフォーマルな場でするテーブルスピーチ（注参照）などでは，機知に富んだユーモアのある話をして皆を笑わせることがうまいスピーチとして考えられ，人を笑わせるスピーチが上手な人がゲストスピーカーとして依頼される。けれども誰しも機知に富んだことを面白く話すことが得意というわけではないから，頻繁にスピーチをする立場の人でそういう技がない人は，人を笑わせる話を集めてそれをスピーチに使うこともある。スピーチにおけるユーモアは特に日本人にとってはなじみの薄いものだから，通訳者は常日頃から英語圏のユーモアに接する機会をもつようにし，英語のユーモアを理解できるようにしておくことが大切である。

注）会食の席でのスピーチは after-dinner speech と言うが，これは夕食に限らず朝食，昼食の席でされるユーモアに富んで人を楽しませる30分程度の長さのスピーチを指す。昼食でも after-lunch speech とは言わない。日本語ではこのような場でのスピーチをテーブルスピーチと呼んで，夕食，昼食に関

係なく用いられるが，これはいわゆる和製英語で，英語ネイティブには通じないので注意を要する。

けれども，儀式を重んじる場での英語のあいさつでは聴衆を笑わせることはほとんどしないと前述したが，それに加えて，スピーチにユーモアが入らない理由として次のことが挙げられる。政府関係機関の代表者による英語のスピーチは，多くの場合，同じ部署で仕事をする人の手によって書かれる。この方法では，他人が事前に書いたものであるから，ユーモアが入らない型にはまったスピーチになる。日本からの団体の代表者が海外の訪問先で読み上げるあいさつも同様に書かれたものが多くあり，そのような場合，英語のあいさつも日本語のあいさつも内容と表現がかなり近いものになる。

4．あいさつの通訳はどうして難しいか

式辞あいさつは日本人であれば小学校の入学式に始まって，卒業式，入社式，結婚式，その他の場を通じて聞きなれているので，通訳をする場合，内容的に難しいものではない。ところが実際には，「聞きなれていて」「内容が比較的簡単である」ということが，通訳をする場合に意外に難しいと感じさせる原因でもある。

では，式辞あいさつのスピーチを通訳することがなぜ難しいのか，その原因を考えてみよう。

(1) 式辞あいさつは日本人には聞きなれているが，通常，通訳者が自分で実際に式辞あいさつを述べる立場になったことがないために，英語から訳すときに日本語の適切な表現がすぐに出てこない。聞いてわかるが，言えないという受け身の立場に立たされている。このため，通訳者は日本人でも日本語の式辞あいさつの表現を学習して，スムーズに「言える」ようになる必要がある。

(2) 用意周到に準備された書き言葉による原稿を話し手が読み上げるものを通訳することは，その場で即興でするスピーチを通訳するより，はるかに難しい。それは，式辞あいさつの通訳では，なじみのない古い言葉が使われたり，音だけ聞こえて漢字が見られないので意味が理解ができない（例えば，賛辞，衷心より，慶祝の意を表す，有為な青年）などがよくあることだからである。この対策のためには，事前に原稿に目を通すことが大切である。

(3) 式辞あいさつのスピーチでは，巧みな言葉で飾った表現を使ったり，同じ意味の内容を違った表現を使って繰り返すことが多い。例えば，「本日はお忙しいなかにもかかわらず，このように大勢の皆様方のご出席を賜りまして，心より感謝申し上げます」というあいさつに対して，Thank you for coming today という訳では，式典や集会にふさわしい格調ある通訳をしたことにならない。また，時間的なバランスも欠く。あいさつの場では，型にはまった表現を使うことにより，多数の人と共通のイメージをもつことができるという効果がある。通訳者も話し手と同様に格調ある表現を使わないと，参列者の共通のイメージが損なわれてムードが壊れてしまう。そこで，あいさつの通訳では決まり文句を上手に使いこなすことが必要である。そして，日本語でも英語でも同じ言葉を繰り返して訳さない，つまり同じ意味の内容を違った表現で言えることが強く求められる。

(4) 通訳とは話し手が伝えようとする考えや意見を通訳者が理解して，別な言語で言い換えるわけだが，その場合，通常話し手の思考や論理がキーワードのような役目をしてくれて通訳が可能になる。けれども，あいさつのスピーチは思考性が少ないうえに，飾りの言葉がちりばめられている。通常通訳者は繰り返しや，情報としては重要でない飾りの言葉は取り除いて通訳するのだが，あいさつの通訳ではむしろそれらに注意を払って訳すことが肝要である。このように，通常の通訳プロセスを適用できないために，式辞あいさつの通訳は難しいと感じる人もいる。

(5) あいさつの通訳はより美しいパフォーマンスが求められる。「美しいパフォーマンス」とは，あいさつの表現を駆使して通訳をする言語要素に加えて，音声，聴衆とのインターアクション，体の動きなどの非言語要素を含める総合パフォーマンスを意味する。

5．あいさつのスピーチのよい通訳とは

通訳で最も大切なことは「正確に訳すこと」である。これは，直訳という意味ではない。発言の内容を聞いて別な言語で正しく伝えるという意味である。「正しく伝える」という通訳の大原則は，ひとつひとつの言葉が単に正しく置き換えられている，したがって発言の全てが訳されている，ということではない。「正しく伝える」とは「自然な表現で正しく訳されている」，即ち「正しく伝わった」という意味だったり，「一定の場での内容にふさわしい表現である」，あるいは「適切な言い回しである」という

意味でもあったりする。この原則はあいさつの通訳にも当然通じるものであり，通訳者は原文の構造や表現に影響された直訳表現を避け，その場にふさわしい，あいさつのスピーチとして適切な言葉で訳さななければならない。

　次の実例を使って見てみよう。

> 我が社は，［せっかくいただいたご縁を大切にし］精いっぱいの努力［と精進］を重ねて，地元［の皆様］に［愛され，親しまれ，］親愛される企業として成長していくことを目指します。

このスピーチは実際に日本人によって話されたもので，日本語として聞いておかしくないが，このまま全ての言葉を訳すと英語としては不自然な結果になる。［　］内の言葉は，英語に訳さないほうがいい部分であることを示す。それらを省いて訳すと次のような自然な英語になる。

> We will do our best to ensure that this company grows to be a trustworthy enterprise which is valued by the local community.

　もう1つの例。ある国の首相が日本訪問の際にしたスピーチが次のように始まった。

> Jane and I are honoured to be in the country of Japan.

一国の最高の地位にある人のスピーチが奥さんの名前で始まると，通訳者は日本語に訳すのに一瞬戸惑うだろう。そして恐らく，「ジェインと私は貴国日本を訪れることができて誠に光栄です」と訳すことに抵抗を感じて，「この度，このすばらしい貴国日本を妻と共に訪れることができて，誠に光栄に存じます」と，奥さんの名前のかわりに「妻」として（あるいは「妻のジェイン」），その言葉の位置を後にもっていく工夫をして訳すだろう。あいさつの通訳では，これらの例に見られるような処理も大切である。

　あいさつのスピーチを適切に通訳するには，以上述べてきたようにいろいろな要素が必要であるが，一言で言うとすれば，話し手が意図するその場の雰囲気を陰ながら盛り立てることに寄与する通訳と言える。そのためには，話し手と同じ気持ちになって，通訳者もこのような喜ばしい行事に関与できてうれしい，という気持ちを表してにこやかな表情で通訳する必要がある。そして，話し手に成り代わって通訳をするという姿勢は，あい

さつの通訳に限らず，どの種の通訳にも共通して大切な姿勢である。

【演習問題1】
第1章で読む練習をしたスピーチを，今度はクラスメートの前で，自習の場合は友人や家族の前でしなさい。距離をおいて立ち，自分がスピーチをする気持ちになって生き生きとした調子で読み上げなさい。第1章で練習した音声に関する注意に加えて，原稿から時々目を上げて，聴衆とインターアクションを取りながら読みましょう。

【演習問題2】
聞いている人は，次の点についてコメントして，どのように改善したらいいかについて話し合いをしなさい。
・声の大きさと明確さ（よく聞こえたか）
・発音（アクセント，イントネーションなど）
・流暢さ（聞きやすいように間をとって，スムーズに読めたか）
・インターアクション（適宜なインターアクションをしていたか）
・全体の印象（全体として好感度を与える読み方だったか）

Interpreting Japanese formal speech

> The following section is not an English translation of the above section, but it was written especially with native speakers of English in mind to provide a basic understanding of Japanese formal speech.

Interpreting speech for formal occasions

At ceremonies and formal gatherings the interpreter can be lulled into a false sense of security with the notion that the relatively straightforward content should be easy to interpret. The reality is however, that special expressions unique to such occasions arise and make the event much more difficult than would be generally anticipated. While the English language does contain many set expressions peculiar to formal public speaking, Japanese is noted for the highly formalized nature of languages used in these settings. Such speeches are categorized as *shikiji-aisatsu*, or speeches for formal occasions. Interpreting *shikiji-aisatsu* requires an excellent grasp of expressions that characterize formal speech and such interpreting should be consistent with the occasion as well as leave an impression on the audience.

What is *shikiji-aisatsu*?

Shikiji-aisatsu is a combination of two words ; *shikiji* means an address at a formal occasion and *aisatsu* means simply "an address". A *shikiji* is prepared beforehand and is read out on the occasion, whereas an *aisatsu* is supposed to be improvised at less formal gatherings. However, a distinction between these two types of address is not strictly observed, so that *shikiji-aisatsu* tends to be used as one word. Many speeches delivered by Japanese are written beforehand whether the occasion is formal or relatively casual.

Features of *shikiji-aisatsu*

The objective of Japanese *shikiji-aisatsu* is to contribute to the success of the gathering with an impressive speech presentation, rather than persuading or lecturing or entertaining the audience as seen in other types of speech. Japanese *shikiji-aisatsu* feature the following :

- Use of written rather than spoken language, orally presented.
- Use of honorific forms at a higher level than those used in day-to-day living situations.

- Occasional use of speech forms based on old Japanese in order to create a dignified effect.
- Frequent use of conventional expressions rather than original expressions created by the speaker.
- Prescribed patterns or conventions relating to the sequence of the speech.

Importance of using appropriate expressions

Japanese audiences are so accustomed to the distinctive style of *shikiji-aisatsu* that they may feel a sense of discord when they hear, at a formal function, words or expressions that are not appropriate to the occasion. It is therefore important that the interpreter interprets the expressions appropriately and utilizes a style that ensures listening pleasure.

Japanese people who are brought up in Japan are quite familiar with the speech forms unique to *shikiji-aisatsu* as they have frequent opportunities to hear them at various occasions such as ceremonies for school commencement, graduation, work commencement, weddings, funerals and so forth. However, people who have learned Japanese predominantly in foreign countries are isolated from such experiences. In addition, foreign Japanese learners usually concentrate on studying contemporary Japanese and do not have the opportunity to learn speech forms which use high-level honorific forms and which are derived from somewhat archaic Japanese.

Towards excellence in interpreting

It is not surprising that non-native Japanese interpreters who are disadvantaged in this way often find interpreting Japanese *shikiji-aisatsu* difficult, some interpreters claiming that sometimes they can hardly comprehend what was said. Non-native Japanese interpreters will benefit from acquiring a basic knowledge of speech forms unique to Japanese *shikiji-aisatsu*. There are useful references in Appendix II, 'Some Conventions and Linguistic Features of Japanese Formal Speech', which is written in English, and Appendix III, 'Comparative List of Expressions in Formal Speech and Normal Speech'. The importance of delivery (para-linguistic aspects of interpretation) of speech interpreting is noted in Chapter 1, 'The Basics of Formal Speech and Business Speech'.

◇コラム②◇

Interpreter : Advocate or Conduit?
———————— Dougal Phillips

Some years ago I interpreted for a Japanese director at the Melbourne International Film Festival. During the Q&A session prior to the screening of his film, a young man stood up and asked two long-winded questions. The director answered the first without a hitch, but then looked to me and asked, "2つ目の質問は何でしたっけ？"

My mind raced. Should I repeat the question or should I interpret the director's comment to the young man? I looked around. The festival organiser was looking at his watch. Would he let the man repeat his question or would he wrap it up? Then again, perhaps the director was feigning ignorance to avoid answering the question. I looked at the director but he seemed genuine in his forgetfulness.

Is the interpreter a conduit or an advocate? Should an interpreter only ever interpret what is said, or should they intervene if, for instance, they feel they can prevent a misunderstanding, or even just to save time? Australia's professional interpreting association advises that an "interpreter shall relay accurately and completely everything that is said". This is pertinent in court or hospital settings where a more proactive approach can get an interpreter into hot water. However, it's not always so straightforward. Does a client really want to know the nitty gritty of getting an extra bed in their room, or do they just want the job done?

I only paused for a second at the festival before taking the plunge. "What was the second question again?" I asked. With that the festival organiser announced, "That's all we have time for today I'm afraid" and ushered us off stage. I looked around at the saddened faces, none more so than that of the young man. Even the director looked disappointed. I felt a pang in my stomach. I kidded myself that it was hunger.

第3章　呼びかけ
——Chapter 3. Forms of Address

> **この章の目的**
> ①日英対照リストにより，代表的な呼びかけ・敬称の訳を学ぶ。
> ②役職名や敬称の訳は社会制度や政治制度によって違ってくることを学ぶ。
> ③各種場面を想定し，その場面にふさわしい呼びかけを練習する。

英語のスピーチでは addressing（呼びかけ）と言って，参列している主賓の名前や肩書，特定組織やグループの名を冒頭で挙げる習慣がある。例えば，"Excellencies, Mr Chairman, Ladies and Gentlemen"「来賓閣下，議長，ご参集の皆様」などと一般的に呼びかけることもあれば，"Prime Minister Koizumi, Under-secretary Harrison, Distinguished alumni of the International Visitor Program"「小泉総理，ハリソン国務次官，インターナショナル・ビジター・プログラム参加同窓生の皆さん」と具体的に名前を挙げるときもある。

日本語のあいさつでは従来「呼びかけ」はないが，聴衆に外国人が多い場合，英語あいさつの習慣にならって，冒頭で「呼びかけ」を用いることもよくある。例えば，「コフィ・アナン国連事務総長閣下ならびにご出席の皆様」だったら "His Excellency Kofi Annan, Secretary-General of the United Nations, and Ladies and Gentlemen" となる。

1. 一般の参会者を対象にした呼びかけ（To the audience in general）

皆様　　　　　　　　　　　　　　Ladies and Gentlemen
　ご出席／ご参会／ご参集　の皆様
ご来賓の皆様　　　　　　　　　　Distinguished guests

皆さん	Friends/Dear Friends
友人ならびに同僚の皆さん	Dear Friends and Colleagues
マニラ市からいらした皆様	Distinguished visitors from the city of Manila
GE 使節団の皆様方	Distinguished members of the GE delegation

2. 親善，友好，姉妹都市関係の集まり（At friendship and sister-city gatherings）

ビクトリア州の皆様	Dear citizens of the State of Victoria
関係各位の皆様	Dear Friends/Dear Colleagues
本件関係者の皆様	All those associated with this project
豪日協会の皆様	Members of the Australia-Japan Society
友好協会理事長ならびに会員の皆様	Executive Director（注1）of the Friendship Society and dear members
友好協会役員の皆様	Board members（注2）of the Friendship Society
受け入れ委員会の皆様	Members of the Receiving Committee
組織委員会の皆様	Members of the Organizing Committee
ホストファミリーの皆様	Dear Host-families
姉妹都市トロントからの皆様	Dear guests from our sister city of Toronto
トロント市を代表する方々	Representatives of Toronto city
シドニー・スポーツクラブの会長，そして会員の皆さん	President of Sydney Sports Club and members

注1）「理事長」という肩書きは，このほか組織によって President と訳したり Chairman of the Board と訳したり様々なので，事前にチェックしておくこと。

注 2)「役員」も組織によって Director of the Board または単に Director と訳したり Board member/Committee member と言ったりするので，事前チェックが必要。

3. 青少年使節団・姉妹校（At youth exchanges and sister-school gatherings）

ヨーク青年使節団の皆さん	Members of the York Youth Delegation
第3回青少年海外派遣団の皆さん	Members of the 3rd Youth Overseas Delegation
ヨーク使節団団長クラーク様ならびに団員の皆さん	Mr/Mrs Clark, Leader of the York Delegation, and members of the Delegation
デール高校の先生，生徒の皆さん	Dear teachers and students of Dale High School
ケリー校長，ハード教頭先生および生徒諸君	Principal Kerry, Vice Principal Hurd and fellow students
諸君！（注3）	Boys !/Girls !/Boys and Girls !/Young men !

注 3)「諸君」という呼びかけは，普通女性の話し手は使わない。代わりに女性は「皆さん！」を使う。

4. 会議・セミナー・学会の場合（At conferences, seminars and academic gatherings）

議長ならびにご列席の皆様	Mr Chairman, Ladies and Gentlemen
議長（女性），ご来賓の皆様，ご参集の皆様	Madam Chairperson, Distinguished Guests, Ladies and Gentlemen
議長，代表の皆様，協会会員の皆さん	Mr Chairman, Delegates and members of the Association
議長！（呼びかけ）	Mr Chair/Mr Chairman/Madam Chair

チェン高等研究所所長	Director Chen of the Institute of Advanced Studies
ミュラー国連大学学長	Rector（注4）Muller of the United Nations University/Dr Muller, Rector of the United Nations University
小池学部長（商学部）	Dean Koike of the Faculty of (Commerce)

注4)「学長」,「総長」は President と呼ぶところが多いが，国連大学では Rector を使う。イギリスやオーストラリアでは Chancellor（学長名誉職）や Vice-Chancellor（「副学長」, 実質的に学長）を使っている。

　上記の「ミュラー国連大学学長」の呼びかけに訳が2つ出ているが，どちらを使ってもかまわない。もっと簡略に，Rector Muller（ミュラー学長）だけで済ませることもあるだろう。これは他の2人に関しても同様である。ただ，「呼びかけ」ではなく「肩書き」の翻訳となると，2番目に出ている形に近くなる。すなわち，Dr Stephen Muller, the Rector of the United Nations University となる（肩書きにはフルネームを使う）。肩書きの場合は冠詞"the"がつき，呼びかけの場合はつかないという違いに留意。大統領や首相，大使に関しても同じことが言える。例えば「ジョー・ケリーカナダ首相」と呼びかけるときは，Prime Minister Joe Kelly of Canada と言ってもいいし，Mr Joe Kelly, Prime Minister of Canada でもいい。しかし肩書き紹介の場合は，Mr Joe Kelley, the Prime Minister of Canada と，冠詞の"the"を入れて使う。

5. 外交官（Diplomats）

特命全権大使	Ambassador Extraordinary and Plenipotentiary
ベイカー駐日米国大使	Mr Baker, United States Ambassador to Japan
ベイカー駐日米国大使閣下ならびに令夫人	His Excellency（注5）Howard Baker, United States Ambassador to Japan, and Mrs Baker

ベイカー大使（呼びかけ）	Ambassador Baker
大使！（呼びかけ）	Mr Ambassador
（大使が女性のとき）	Madam Ambassador
谷川公使	Minister Tanigawa
井上代理公使	Charge d'affaires, Mr Inoue
小寺総領事	Consul-General Kotera
前田香港日本総領事	Mr Maeda, Consul-General of Japan in Hong Kong
林主席領事	Mr Hayashi, Acting Consul-General
領事	Mr Consul

注5）Excellencyという肩書きは，大統領，首相，大臣，大使，総督など高官の呼びかけに用いられる。単独で"Her Excellency"と使うこともあるが，名前をつけるときはフルネームを使う（Her Excellency Maria Valdez, Ambassador of Mexico to Japan）。

6．公職者（Officials and elected officers）

Presidentと言えば，政界ではまず「大統領」を思うだろう。例えば，President Kennedy（ケネディー大統領）。しかし同じPresidentでも，産業界なら「社長」，財団やNPOなら「理事長」。同じ政界でも，中国の政治機構のなかでPresidentと言うと，「大統領」ではなく「国家主席」。President Hu Jin Taoは，胡錦濤国家主席と訳す。以下に日本の政界要人の役職の肩書きの主なものを挙げる。

首相／内閣総理大臣	Prime Minster
小泉純一郎日本国内閣総理大臣閣下	His Excellency Junichiro Koizumi, Prime Minister of Japan
小泉総理	Prime Minister Koizumi
総理！（呼びかけ）	Mr/Madam Prime Minister
町村外務大臣	Minister for Foreign Affairs, Mr Nobutaka Machimura
	Foreign Minister Machimura
外務副大臣	Senior Vice Minister for Foreign Affairs

外務事務次官	Vice Minister for Foreign Affairs
国会議員	Member of the Diet/Member of Parliament
衆議院議員	Member of the House of Representatives
参議院議員	Member of the House of Councillors
衆議院議長	Speaker of the House of Representatives
衆議院議長！（呼びかけ）	Mr Speaker/Madam Speaker
参議院議長	President of the House of Councillors
衆参両院議長ならびに議員の皆様	Mr Speaker, Mr President and Members of Parliament
県知事	Mr Governor
石原東京都知事	Governor of Tokyo, Mr Shintaro Ishihara/Governor Ishihara
副知事	Vice Governor
県議会議員	Member of the Prefectural Assembly
長野県議会の議長ならびに議員の方々	Speaker of Nagano Prefectural Assembly and members of the Assembly
市長	Mayor
	Lord Mayor（注6）
関大阪市長	Mayor of Osaka City, Mr Junichi Seki
助役	Deputy Mayor
市長！（呼びかけ）	Mr Mayor, Madam Mayor
市／区議会議員	Member of the Municipal Assembly

注6）イギリスやオーストラリアの大都市の市長の呼称。例えばロンドン市長は Lord Mayor of London と言う。

7. アメリカ政府の役職の肩書き（US Government）

President	大統領
Vice President	副大統領
Chief of Staff (to the president)	大統領首席補佐官
Secretary of State（注7）	国務長官
Deputy Secretary of State	国務副長官
Under Secretary of State	国務次官
Attorney General	司法長官／法務長官（州レベル）
Senator/Member of the Senate	上院議員
Congressman/Member of the House of Representatives	下院議員
President of the Senate	上院議長
Speaker of the House	下院議長

注7）アメリカ政府には Department of State（国務省），Department of the Treasury（財務省），Department of Defense（国防総省）など十数の省があり，省のトップを Secretary（長官）と呼ぶ。州レベルでも Secretary of State（州務長官）という役職がある。

　各国の政府役職の肩書きはその国の政治構造によって違ってくる。例えば，同じ英語圏でも大統領制のアメリカと立憲君主制のイギリスとでは違うし，同じ英連邦に属しながら州に強い自治を与える連邦制をとっているオーストラリアとイギリスとでは，また違いがある。オーストラリアの場合は Prime Minister of the Commonwealth of Australia（オーストラリア連邦首相）（注8）のほかに各州に Premier（州首相）がいる。例えば，Premier of the State of Victoria（ビクトリア州首相）。さらに，英国女王を代表して連邦レベルでも州レベルでも「総督」が任命されている。連邦レベルではこれを Governor-General of Australia（オーストラリア総督）と言い，州レベルでは Governor of Victoria（ビクトリア州総督）と言う。

注8）最近ではわざわざ Commonwealth of Australia などと言わず Australia としか言わない場合が多い。すなわち，Prime Minister of Australia（オーストラリア首相）で済ませるのが一般的である。

8. 産業界, その他 (The business community, and others)

日本の民間企業における役職の肩書きのうち, 社長, 副社長, 会長などは President, Vice President, Chairman とだいたい統一が取れているが, 専務, 常務, 部長, 課長, 係長などについては会社により独自の呼称と訳が使われている。以下に最も一般的と思われる呼称と訳を挙げておく。

会長	Chairman of the Board
社長	President
副社長	Vice President/Executive Vice President
専務取締役	Executive Director/Senior Managing Director
常務取締役	Managing Director
取締役	Director
部長	General Manager/Director General of the Department of 〜
次長	Deputy General Manager/Deputy Director General of 〜
課長	Manager/Director of the Division of 〜 Division Chief
課長補佐	Assistant Manager
係長	Section Chief
代表取締役	Representative Director
代表取締役社長	President and Representative Director
代表取締役兼 CEO	President and Chief Executive Officer
社長兼 COO (注9)	President and Chief Operating Officer

注9) CEO, COO は CFO (Chief Financial Officer) と共に米国企業でよく使われ, 日本語にすると, 順に「最高経営責任者」,「最高執行責任者」,「最高財務責任者」となるが, そのまま英語の頭字語で用いられることが多い。なお, 米国企業の Vice President は, 日本企業の「副社長」というより「部長」に近い。例えば, Vice President for Marketing (マーケティング担当副社長) というと, 「マーケティング部長」のような地位である。日本企業で言う「副社長」には, Executive Vice President の肩書きが使われる。

◆日本の代表的な貿易振興組織「日本貿易振興会（JETRO）」場合

理事長	Chairman
副理事長	President
理事	Executive Vice President
部長	Director General
課長	Director

◆日本の代表的な国際交流組織「国際交流基金（Japan Foundation）」の場合

理事長	President
理事	Executive Vice President
部長	Managing Director
課長	Director

　スピーチ冒頭の「呼びかけ」の通訳は大切である。ちゃんと定訳があるのに自分勝手な訳をつけたり，しどろもどろのしゃべり方をして聞いている人たちに「大丈夫かな，この通訳者」と不安を抱かせたりすると，失敗は後々まで尾を引いてしまう。通訳者は事前に来賓の名前と肩書きを手に入れ，その正しい訳を確認しておくと同時に読み方や発音も練習しておかなければならない。難しい肩書きに限らず，"Prime Minister Aoki and Mrs Aoki"という定番の「呼びかけ」も，皆が気持ちよく聞けるテンポで「青木首相ならびに首相夫人」と歯切れ良くスタートしたいし，「ベイカー大使ならびに大使夫人」と聞こえてきたら間髪を入れず，"Ambassador Baker and Mrs Baker"と切り出したいものだ。"Ambassador Baker and Mrs Ambassador"などとゆめゆめ直訳誤訳をしないように。"Mrs Ambassador"という表現はないし，善意で"Madam Ambassador"のことだろうと解釈してもらっても「女性の大使」ということになり，この場合誤訳になる。

　また，あるとき労働組合の大会で代表が"Brothers and Sisters!"と呼びかけたのを通訳者が「ご参会の皆様」とたいへん丁寧な言葉で訳しているのを聞いて，ちょっとこの場にそぐわないなと思った。「同志諸君の皆さん！」のほうがいいのではないか。いろいろな場面を想定し，その場面に合った「呼びかけ」を，この章で挙げた例を参考に考案し練習してほしい。

【演習問題1】
本章に出ている呼びかけの片側を隠して，日本語から英語に，また英語から日本語に訳す練習をしなさい。最初は1人で，次にクラスでペアを組んでお互いにテストしなさい。

【演習問題2】
この章で使われている主要人名を現在の人名と入れ替えて，練習しなさい。

【演習問題3】
図書館や書店に行くと，英語も含めてスピーチの本がたくさんあります。それらの本のなかから「呼びかけ」を探し出し，訳が出ているものは訳も含めてリストにし，クラスでペアを組んでお互いにテストしてみなさい。訳が出ていないものはクラス全体で考えて，ひとまず最適だと思われる訳を作り，後でネイティブ・スピーカーまたは専門家にチェックしてもらいなさい。

◆コラム③◆

ちゃんばら，出るぞ！————————マイヤー美江

　オーストラリアのような多民族からなる社会で通訳業務に携わっていると，往々にして世界の5大陸からきた珍しい名前に出くわすことになる。発音に窮するような耳慣れぬ人名との対峙をそつなくこなすことも，通訳者にとって必要な技術となってくる。

　英語圏の国では公の場でのスピーチの冒頭にVIP出席者の名前や肩書きを読み上げるのが慣例で，これは事前にメンバーズリストなどを入手して準備しておかないと，通訳泣かせになりかねない。こうした困難は何も通訳者だけに限ったことではなく，日本からの訪問者にとってもしかりで，ときには涙ぐましい努力を強いられる場合もある。

　日豪の姉妹都市や県州間の交流が盛んなここメルボルンに，日本からの訪問団が来たときのことだった。ビクトリア州議会を表敬訪問した団長さんは，諸々のコミュニケーションはもちろん通訳者に任せるとして，せめて両議長さんのお名前くらいはきちんと自分で言って，"Nice to meet you." と英語であいさつしたいというご希望だった。そこで当時の上院議長がBruce Chamberlain 氏，下院議長はJohn Delzoppo 氏とお伝えしたものの，これが耳慣れなくてちっとも覚えられない。何度繰り返してみても全然駄目。苦肉の策として随行員の1人が「あ，そうだ。ちゃんばら，でるぞ！と覚えられたらいかがですか」という迷案（名案?!）を出した。「そうだ！そうだ！」ということになり，伝統あるビクトリア州議会議事堂での初会見，開口一番のごあいさつが「Mrちゃんばら，Mrでるぞ！ Nice to meet you」だったのは何ともユーモラスで，年月を経た今も楽しい思い出として心に残っている。

　その他にも，"What time is it now?" は「掘った芋，いじるな」といって覚えるんだと教わって，結構英語人に通じたという笑い話のような実話もある。とにかく2つの言語の狭間で醸し出される数々の心温まるエピソードに，私たち通訳者がひととき仕事の緊張から解放されて，ホッと一息入れることができるのも事実である。

第4章 あいさつの典型文型
――Chapter 4. Common Patterns

> **この章の目的**
> ①儀礼的スピーチの定型表現における日英両語の基本的な構造を学ぶ。
> ②同じ目的の各種頻出語句の表現を習得することにより，適切な語句の選択をする能力と，バリエーションのある通訳をする能力を身につける。
> ③短文を繰り返す練習をすることにより，文法力と短期的記憶力（リテンション）を強化する。
> ④ノートテイキングをしないで短文訳の練習をする。
> ⑤臨機応変に対応できる通訳に必要な予測能力を発達させる。

この章では次の目的・場面にふさわしい日英両語の典型文型を分析する。

1. 歓迎　　　　　　　　　Expressions of welcome
2. 紹介　　　　　　　　　Introductions
3. あいさつの出だし　　　Opening remarks
4. お礼・感謝　　　　　　Expressions of gratitude
5. 喜び　　　　　　　　　Expressions of pleasure
6. 記念品などの贈呈　　　Presentation of gifts
7. 希望・期待・お願い　　Expectations and desired outcomes
8. 乾杯　　　　　　　　　Proposing a toast
9. 結び　　　　　　　　　Concluding remarks

注1）通訳をする場合は，話し手に成り代わって伝えるのであるから，通訳者は1人称を使って通訳をする。これは通訳の大原則である。"He said that ..."などと通訳者は言ってはならない。

注2）CDに収録された例文1から例文38（✿ 5）は演習問題で使用する。

例文の訳例は本章の最後に掲載されているが，演習で訳した後で確認のために使用すること。

1. 歓迎 Expressions of welcome

〈例文1〉

ケイシー市長をはじめケント市の皆様，ようこそ神戸市においでくださいました。皆様には遠路はるばるおいでいただき，心から歓迎いたします。

[1] 呼びかけ	ケイシー市長をはじめケント市の皆様
[2] 修飾語	ようこそ
[3] どこに	神戸市に
	（〜主催の）晩餐会に
[4] 歓迎の表現	おいで／お越しくださいました
[5] 歓迎する側	〜を代表して／しまして
	市民一同
	〜と共に
	従業員ともども
[6] 歓迎の言葉	（心から）歓迎いたします／申し上げます

〈例文2〉

ミスター・ヤング，本日のご来社ありがとうございます。社員ともども心から歓迎申し上げたいと存じます。

〈例文3〉

It is my great pleasure to welcome you to this party to mark the signing of this sister city relationship.

[1] Common structure of openings

  I would like   → go to [2]
  I wish

  I am pleased
      glad
      happy
      delighted
      privileged
      honoured

It is	a pleasure
	a privilege
	an honour
	a pleasure and privilege
It gives me	pleasure
It is with	pleasure
I consider it	a pleasure
I regard it as	a pleasure
I have	the pleasure of welcoming → go to [3]
	pleasure in welcoming
I take	(a) pleasure in welcoming
I take	(a) pride in welcoming

注）上記の文頭は，歓迎の場合だけでなくいろいろな目的（紹介，あいさつ，贈呈，その他）に使われる基本的なものである。上記のパターンからは修飾語は除いてあるが，very, great, greatly, much, real, distinct, immensely, extremely など，よく用いられる修飾語を適切に組み合わせるとよい。great と greatly は特に頻繁に用いられる。

さらに，冠詞の用法とそれに伴う前置詞の用法に注意を促したい。

[2] Expressions of welcome
        to welcome
        to extend a warm/(most) sincere/(special) welcome to
        to say how pleased we are to welcome
        to join with [name of a person] in welcoming

        to wish you a warm welcome   → go to [5]

[3] Recipients of welcome
        you/you all/all of you
        your group/all members of [name of a group]
        [name of a person] and members of the delegation

[4] Location   to the State of Ohio
             to the City of Bangkok
             to this party/conference
             to this very special occasion

[5] Time   today/this evening

[6] Purpose　　to mark/commemorate/celebrate
　　　　　　　　　the signing of
　　　　　　　　　the 5th anniversary of
　　　　　　　　　the relationship
　　　　　　　　to show our appreciation for
　　　　　　　　for International Children's Day

〈例文4〉
First, I would like to extend an immense welcome to the delegation from Brazil.

2．紹介 Introductions

<u>紹介をする場合 〈パターン①〉</u>
〈例文5〉
ここで，JOACの小池理事長をご紹介します。

[1] 文頭　　　　ここで
　　　　　　　　開会にあたりまして
　　　　　　　　引き続きまして
[2] 誰を　　　　［名前＋役職など］を
[3] 紹介する　　ご紹介します/いたします/申し上げます

<u>紹介をする場合 〈パターン②〉</u>
〈例文6〉
木村会長をご紹介することは大きな喜びです。

[1] 誰を　　　　［名前＋役職など］を
[2] 紹介する　　ご紹介することは　　　　　　　　→[3a]に続く
　　　　　　　　ご紹介できますことを　　　　　　→[3b]に続く
　　　　　　　　ご紹介させていただく光栄にあずかり
[3a]喜びの表現　大きな喜びです
　　　　　　　　光栄のいたりです
[3b]　　　　　　（たいへん）うれしく思います/存じます

<u>紹介された場合 〈パターン①〉</u>
〈例文7〉
ただ今ご紹介にあずかりました木村朝子でございます。

[1] 時	ただ今
	さきほど
[2] 紹介された	ご紹介いただきました
	ご紹介にあずかりました
[3] 名前	［名前］でございます

紹介された場合〈パターン②〉

〈例文8〉

ご親切な紹介の言葉をいただきありがとうございます。

[1] 修飾語	ご親切な
	すばらしい
	ご丁重な
	身に余る
[2] 紹介された	ご紹介を
	ご紹介の言葉を（いただき）
	ご紹介を賜り
[3] 感謝する	ありがとうございます／ございました

When making an introduction

〈例文9〉

It is my great honour to introduce to you the Vice President of Collins Company, Ms Jane Biggs.

[1] Openings	I would like	→ go to [2a]
	I am (very) pleased (to be able)	
	It is a pleasure for me	
	It gives me (great) pleasure	
	It is my (great) honour	
	Allow me	
	I have the honour of	→ go to [2b]
[2a]	to introduce	
[2b]	introducing	
[3] person	[title+name] (to you)	
	(you to) [title+name]	

<u>When being introduced</u>
〈例文 10〉
Thank you for your very kind introduction.

[1] Gratitude　　　Thank you for your
　　　　　　　　　I appreciate your

[2] Modifiers　　　kind words of
　　　　　　　　　very kind
　　　　　　　　　generous
　　　　　　　　　gracious

[3] Introduction　introduction

3．あいさつの出だし Opening remarks
〈例文 11〉
開宴にあたり，団員を代表しまして皆様に一言ごあいさつを申し上げます。

[1] 場面／時　　〜にあたり
　　　　　　　〜に先立ち
　　　　　　　〜を記念するにあたり
[2] 代表する　　［団体名］を代表しまして
[3] 誰に　　　　（お集まりの）皆様に
[4] あいさつ　　（簡単ではございますが）（一言）ごあいさつ申し上げます
　　注）「簡単ではございますが」は訳さない。「一言ごあいさつ申し上げます」は，この後に続く内容（歓迎やお礼など）があったら訳す必要がないが，この句だけで通訳のためのポーズが入ってしまった場合は，最も近い訳として I am pleased to be able to extend a few words of greeting と言えるが，It is my great pleasure to be with you here today と意訳しても構わない。

〈例文 12〉
創業 10 周年を記念するにあたり，今夕お集まりいただきました皆様方にごあいさつ申し上げることをたいへんうれしく思います。

〈例文 13〉
I am greatly honoured to give the opening address at this the third International Congress of Water.

[1] Representing　　On behalf of
[2] Person　　　　the delegation
　　　　　　　　　the citizens of New York City
[3] Openings　　　I am (very) pleased
　　　　　　　　　It is a pleasure for me
　　　　　　　　　It is a great honour for me
　　　　　　　　　It gives me pleasure
　　　　　　　　　I am (greatly) honoured
[4] Greetings/Addressing
　　　　　　　　　to say a few words of greeting on the occasion of
　　　　　　　　　to address
　　　　　　　　　to address the participants gathered for
　　　　　　　　　to have been invited to address

　　　　　　　　　to extend our warm greetings
　　　　　　　　　to (be able to) speak to you
[5] Gatherings　　this opening ceremony
　　　　　　　　　　　gathering
　　　　　　　　　　　luncheon
　　　　　　　　　　　civic reception
　　　　　　　　　　　seminar

　　注) 上記 [3] から始めてもよいが，英語のスピーチでは多くの場合 [1] と [2] から始まる。

〈例文 14〉
I am very pleased to be able to address the participants gathered for this Pan-Pacific Marketing Seminar.

4．お礼・感謝 Expressions of gratitude
〈例文 15〉
本日はお忙しいところ本式典のためにお集まりいただき，心よりお礼申し上げます。

[1] 時／場面　　　本日は
　　　　　　　　　この度は
　　　　　　　　　今回の訪問につきましては
　　　　　　　　　前回の訪問におきましては

[2] 強調	〜した際には	
	お忙しいところ	
	ご多忙中のところ	
	ご多忙にもかかわらず	
	お疲れのところ	
	遠路はるばる	
[3] 〜のために	本式典のために	
	私どものために	
	当協会のために	
[4] 感謝の理由	(a) 出席（お集まりいただき）	
	(b) 招待（ご招待いただき）	
	(c) 世話（たいへんお世話になり）	
	(d) 受入（快く受け入れていただき）	
	(e) 歓迎（温かくお迎えくださいまして）	
	(f) 機会（お話する機会を与えてくださり）	
	(g) 協力（ご助力とご協力に対し）	
[5] 修飾語	たいへん／まことに	→[6a]に続く
	心から／衷心から	→[6b]に続く
	心より／衷心より	
	深く	
	厚く	
	今一度	
	改めて／重ねて／幾重にも	
[6a] 感謝の表現	ありがとうございます	
[6b]	感謝いたします／申し上げます	
	感謝の意を表します	
	お礼申し上げます	
	感謝の／お礼の言葉を申し上げます	

〈例文 16〉
この度は公務多忙中のところ，私ども視察団を快くお受けくださいましたこと，まことにありがたく，この場を借りましてお礼申し上げます。

〈例文 17〉
I would like to say thank you to you all for your kind hospitality.

[1] Openings	I would like to (take this opportunity) May I take this opportunity I wish	
	I thank I am grateful to	→ go to [3]
[2] Expressions of gratitude	to say thank you to to thank to express my (sincere) gratitude to to express my (deep/deepest) appreciation to to extend my gratitude to to give my (heartfelt) thanks	
[3] Recipients of gratitude	you (all) each of you your group those who the people of	
[4] Reasons	for your kind hospitality for this tremendous welcome party for offering your precious time for your assistance for your interest in for your attendance and support for the opportunity to return your wonderful hospitality	

注) 日本語では改まった場で「心から」という語を頻繁に使うが，英語では from the bottom of my heart と言える状況・場面は非常に限られているので注意を要する。heartfelt, sincere, sincerely, deeply, grateful, gratitude などの語は書き言葉の要素がつよく，改まった場で日本語の「心から」と同じような感覚で使える。

〈例文 18〉
Thank you, Michelle, for providing this opportunity for everyone to get together.

5. 喜び Expressions of pleasure

〈例文 19〉
本日はこの集まりに皆さんとご一緒できることをたいへんうれしく思っております。

[1] 時　　　　本日は
　　　　　　　この度は
　　　　　　　本日こうして
[2] 理由　　　温かい歓迎に接し
　　　　　　　大勢の方にご参会いただき
　　　　　　　皆様の前でごあいさつさせていただき
　　　　　　　このような晩餐会の席にご招待いただき
　　　　　　　交流ができ
　　　　　　　［来賓者の名前］様にご列席いただき
[3] 喜びの表現　うれしく思います／思っております
　　　　　　　喜ばしい限りであります
　　　　　　　光栄です／に存じます／に存ずるしだいです
　　　　　　　感激しております／でございます

〈例文 20〉
この度は CSI を訪問し，幹部の方々と懇談する機会を得まして，まことにうれしく思っております。

〈例文 21〉
I am extremely delighted with the outstanding attendance at this meeting.
Pattern A
[1] Expressions of pleasure　I am delighted (with)
　　　　　　　　　　　　　　　　　pleased (with)
　　　　　　　　　　　　　　　　　happy (with)
　　　　　　　　　　　　　　　　　privileged (to)
　　　　　　　　　　　　　　　　　gratified (with)
　　　　　　　　　　　　　　　　　honoured (by)

[2] Reasons　　　　　　the outstanding attendance
　　　　　　　　　　　to have been invited to address this seminar
　　　　　　　　　　　that our city is playing host to you all

Pattern B

[1] Openings	It gives me It is with I would like to express my		
[2] Expressions of pleasure	(great/distinct)	pleasure delight privilege honour	→ go to [3a]
	It is gratifying		
	I am proud of I take (a) pride in		→ go to [3b]
[3a] Reasons	to see such a large gathering to receive such support to be present on such a historic occasion		
[3b]	hosting this dinner party having been invited as speaker		

〈例文 22〉

It is particularly gratifying to think of the benefits we have both derived from the existence of the sister state relationship.

6. 記念品などの贈呈 Presentation of gifts

〈例文 23〉

ここで，今回の訪問を記念して心ばかりの記念品を贈ります。

[1] 前置き	ここで ここに
[2] 理由	訪問を記念して／の記念として 多大なる貢献に対し ご厚情に対し （お世話になった）お礼に 感謝の気持ちをこめて 尊敬をこめて
[3] 謙遜の表現	（ほんの）心ばかりの ささやかではありますが

[4] 贈る物	形ばかりではありますが
	記念品／記念の品を
	お祝いの品を
	感謝の品を
	感謝状を
[5] 贈る	贈ります／お贈りします
	贈呈します／いたします
	差し上げたいと思います

〈例文24〉
私たちの歓迎の気持ちをこめて，花束を差し上げたいと思います。

〈例文25〉
Mrs Wood, please accept this small token of our appreciation for your kind assistance.

Opening expressions
 Please accept
 I hope you accept
 I would like you to accept
 I would like to present
 I have pleasure in presenting
 I have the pleasure of presenting
 It is an honour to present

Presentation items
 small gift
 small token
 memento
 certificate
 citation
 award

Reasons of presentation
 in commemoration of (our visit)
 as a token of our (welcome/appreciation/esteem)
 to show our appreciation
 for your (invaluable contribution)
 along with our sincere wish for your continued health and happiness
 in acknowledgment/appreciation of

〈例文 26〉
I have the great pleasure of presenting Mr Cains with this small token of our esteem and affection.

7．希望・期待・お願い Expectations and desired outcomes
〈例文 27〉
両国の発展とお互いの交流が今後ますます深まりますよう祈念いたします。

[1] 希望する内容	ご指導とお力添えを	
	ご支援のほどを	
	なおいっそうのご指導，ご鞭撻を賜りますことを	
	交流がますます深まりますよう	→[2b]に続く
	有意義なひとときを過ごされますよう	
	両国民の友好親善の一助となるものと	→[2c]に続く
	両社の相互理解と繁栄につながるものと	
[2a] 文末	お願いします／いたします／申し上げます	
	お願いするしだいです	
[2b]	期待します／いたします／しております	
	希望します／いたします／しております	
	願っています／おります	
	お祈りします／いたします／しております	
	祈念します／いたします	
[2c]	信じます／信じております	
	確信します／しております	

〈例文 28〉
当共同プロジェクトが御社と我が社の間のより密接な関係をもたらすことを期待しております。

〈例文 29〉
I sincerely hope that your visit in Japan will be an enjoyable and fruitful one.

Opening expressions
 I (sincerely) wish/hope
 It is my hope
 I wish to express a hope
 It is our earnest hope

 I believe
 I trust
 I have no doubt
 I have great confidence

 I look forward to
 We are prepared to
 We will further endeavour to

 We wish to ask you
 We wish to request

Examples of wishes
 you have an enjoyable and rewarding stay
 our program promotes youth exchanges between our countries
 this visit will further deepens our friendly relationship
 we can further contribute to expansion of our business
 we continue a warm relationship with you
 your support in this endeavour

〈例文 30〉
I look forward to the bonds between us being strengthened further.

8．乾杯 Proposing a toast
〈例文 31〉
ここにお集まりの皆様のご健勝とご活躍を祈って乾杯したいと思います。

[1] 乾杯の対象　　〜のために
　　　　　　　　〜を祈って
　　　　　　　　〜を祝って／祝して
[2] 乾杯する　　乾杯しましょう
　　　　　　　　乾杯(を)したいと思います／存じます

〈例文32〉

事業の将来の発展のために，みんなで乾杯しましょう。

◆「乾杯」のその他の表現

注）下記の表現の英訳は，通訳の練習ができるように8.「乾杯」の最後（次ページ）に掲載した。

(1) 皆様，お手元のグラスをご用意ください。全員そろいましたところで乾杯をしたいと思います。
(2) どちら様もお立ちくださいまして，どうぞ一緒にグラスをお上げください。
(3) 乾杯のご発声を山口社長にお願いしたいと存じます。
(4) 僭越ではございますが，私が乾杯の音頭をとらせていただきます。

〈例文33〉

Shall we call for a toast to the continued friendship between our great nations.

[1] Proposing a toast
I would like to propose a toast
I have great pleasure in proposing a toast
Shall we call for a toast
Let us drink
Shall we drink
I ask you to drink a toast
Please join me in a toast

[2] Recipient/purpose of the toast
to the prosperity of our cities
to the health of all the guests present
to the future success of our company

〈例文34〉

Ladies and Gentlemen, I ask you to drink a toast to the health of Mr Don Preston.

Examples

To the new office!	支社開設を祝して
To friendship!	友好関係を祝して
	我々の友情のために
To your future!	ご成功を祈って

```
                          ご活躍をお祈りして
        To a happy and prosperous New Year !
                          繁栄ある新年を祈って
        Cheers !          乾杯
```

◆「その他の表現」の訳例
〈1〉 Please charge your glasses. When everyone is ready, we shall make a toast.
〈2〉 Please be upstanding and raise your glasses.
〈3〉 I would like to call on Mr Yamaguchi to propose a toast.
〈4〉 I am honoured to be able to propose the evening's toast.

9．結び Concluding remarks

〈例文 35〉
おわりに，皆様のご健康と永遠の友情を心から祈って私のあいさつといたします。

[1] 文頭	おわりに	
	おわりにあたり	
	最後に(なりましたが)	
	以上簡単でございますが	
[2a] 祈る事柄	皆様のご健勝とご多幸を	→[3]そして[4a]に続く
	御社の限りないご繁栄を	
[2b] お願いする事柄	末永いおつきあいを	→[3]そして[4b]に続く
	引き続き変わらぬご協力を	
[2c] お礼の対象・理由	私たちを温かく迎えてくださったことに対し	→[3]そして[4c]に続く
	皆様のご尽力とご努力に対し	
[3] 修飾語	心から／心より	
	今一度	
	重ねて	
	幾重にも	
[4a] 祈る	祈って	
	お祈りし(て)／いたしまして	
	祈念し(て)／いたしまして	

[4b]	お願いする	お願いし(て)／いたしまして
[4c]	お礼	お礼を申し上げ(まして)
		お礼を申し述べ(まして)
[5]	〜の	私の
		訪問の
		お礼の
		お別れの
[6]	文末	あいさつといたします
		とさせていただきます
		に代えさせていただきます
		に代えるしだいです

〈例文 36〉
おわりに，皆様のご厚情に心から感謝申し上げると共に，引き続き変わらぬご協力をお願いいたしまして，ごあいさつといたします。

〈例文 37〉
I shall conclude my comments by wishing you a most enjoyable stay in Indonesia.

[1] Openings	I (shall)
	May I
	Can I
	Let me
[2] Concluding	conclude my comments
	close my remarks/my greetings
	end my speech
[3] Closing remarks	by wishing you a safe trip to your country
	by thanking you for your gracious hospitality
	with the wish that the City of Osaka continues to prosper

<u>Other closing remarks</u>
    In closing
    In conclusion
    To conclude this address
    Before closing my speech
    Finally
    All the best

〈例文 38〉
I thank you all once again for coming, and wish you great achievements in your new venture.

【演習問題 1】
第4章の例文を文の区切りでCDを止めて，そのとおりに繰り返しなさい（訳すのではありません）。これは文法力と短期記憶力（retention）の強化に役立つ，通訳の基礎訓練の1つです。

【演習問題 2】
第4章の例文を日本語は英語に，英語は日本語に翻訳しなさい。

【演習問題 3】
演習問題2でやった翻訳についてペアで検討，訂正し，その後下記の訳例と照らし合わせなさい。

【演習問題 4】
第4章の例文をCDを使って日本語は英語に，英語は日本語に通訳しなさい。短文訳練習ですから，ノートなしでできるでしょう。その通訳結果を録音して，下記の訳例と照らし合わせなさい。

◆例文の訳例
〈1〉 I'd like to extend a warm welcome to Kobe to Mayor Casey and all of our guests from the City of Kent.
〈2〉 Thank you, Mr Young, for your visiting us today. All the staff and I would like to give you a warm welcome.
〈3〉 姉妹都市提携調印式にご列席くださった皆様を心から歓迎申し上げます。
〈4〉 ブラジルから遠路はるばるお越しくださった皆様を大きな喜びをもって歓迎いたします。
〈5〉 I am very pleased to introduce to you the Director of JOAC, Mr Koike.
〈6〉 It gives me a great pleasure to introduce the Chairman Ms Kimura to you.

⟨7⟩ Thank you for your kind introduction. My name is Asako Kimura.
⟨8⟩ Thank you for your kind words of introduction.
⟨9⟩ コリンズ社のビッグス副社長をご紹介する光栄にあずかり，たいへんうれしく存じます。
⟨10⟩ すばらしい紹介の言葉をいただき，ありがとうございます。
⟨11⟩ It gives me great pleasure to say a few words on this occasion on behalf of the members of the delegation.
⟨12⟩ It is a pleasure for me to extend our greetings to you all who gathered here this evening to commemorate the 10th anniversary of our operations.
⟨13⟩ 第3回水に関する国際会議の開会にあたり，皆様にごあいさつ申し上げる機会を得ましたことは，私の最も光栄とするところでございます。
⟨14⟩ 環太平洋マーケティングセミナーにお集まりの皆様にお話できることをたいへんうれしく思います。
⟨15⟩ I would like to thank you for offering your precious time to come to share this celebration with us.
⟨16⟩ May I take this opportunity to thank you for sparing your valuable time to receive our delegation today.
⟨17⟩ 皆様の心のこもったおもてなしに対し，深くお礼申し上げます。
⟨18⟩ ミシェルさん，このように皆さんが集う会を手配してくださってありがとうございます。
⟨19⟩ I am delighted to be here with you today.
⟨20⟩ We are privileged to have this opportunity to visit CSI and to hold discussions with executives of this organization.
⟨21⟩ 本日はこの会合に多数のご参加をいただき，まことにうれしく思っております。
⟨22⟩ 姉妹州関係をとおしてこれまでいろいろ利するところがあり，たいへん喜んでおります。
⟨23⟩ Please accept this small gift in commemoration of our visit.
⟨24⟩ I hope you accept these flowers as a token of our warm welcome.
⟨25⟩ ウッド様がお力添えくださったお礼に，心ばかりの品をお贈りしたいと思います。
⟨26⟩ ここに，ささやかではありますが，ケイン様に対する私たちの尊敬と親愛の情をこめて記念品を贈呈いたします。

⟨27⟩ I hope for the further development of mutual good relations between our countries.
⟨28⟩ It is my hope that this cooperative project between our companies will contribute to the development of closer relations.
⟨29⟩ 皆様の日本での楽しく,かつ有意義な滞在をお祈りいたします。
⟨30⟩ 今後も友好の絆がさらに深まることを期待しております。
⟨31⟩ I would now like to propose a toast to the health and prosperity of all present.
⟨32⟩ Let us all now drink a toast to the future success of our venture.
⟨33⟩ 両国間の今後ますますの友好を祈って乾杯しましょう。
⟨34⟩ それでは皆様,プレストン氏の健康を祝して乾杯したいと存じます。
⟨35⟩ I close by wishing for our lasting friendship and the best of your health.
⟨36⟩ In closing I would like to thank you for your kind cooperation and we look forward to your continued support.
⟨37⟩ 皆様のインドネシアでの滞在が楽しいものでありますよう祈って,歓迎のあいさつといたします。
⟨38⟩ 最後に,このたびのご来社にあらためてお礼申し上げると共に,皆様の新しい事業の輝かしい成功を心から祈っております。

◇コラム④◇

「そんなきれいごとではないですよ」って!?
—————————石黒弓美子

　3歳で卓球を始め，小さいころから日本中の話題をさらい，ついに15歳で最年少日本代表としてアテネ五輪出場を果たした福原愛選手，通称「愛ちゃん」が，期待された第1戦，思わぬ苦戦の末に勝利した後，「これで自信がつきましたか」との記者のインタビューに答えての，一言である。

　この日，私は同時通訳の仕事でNHKの夜の日英多重ニュースに入っていた。普段はほぼ8,9割は事前に原稿が入り，それが翻訳されてネイティブ諸氏がそれを読み上げるのだが，文字通り夜中を含め四六時中五輪の試合を放送しているNHKでは，ニュース番組でも，今進行中もしくは数分前に終了した試合の内容や結果，選手のインタビューをすぐ流す。もちろん翻訳は間に合わないので，同時通訳者の出番になる。

　そのため，柔道，体操，水泳と，3色のメダルが量産され日本中が沸きに沸く中でも，ただの観戦者にはなれないのが放送通訳者のつらさ。開幕前から各種目のルールの勉強や用語の準備にいそしんだ。跳馬はvault，鞍馬はpommel horse，敗者復活戦はrepechageなどなど。しかし，表題のような「発言」は準備にはないのだ！

　国際会議でも本会議が終わって，夕食会のあいさつや歓談の通訳の場でとっさの一言に冷や汗をかくことがある。何年か前の地球環境デーでもそうだった。ご自分でそれは美しい英語を話される皇后様が，レセプションで一応少し後ろに控えていた私に，突如振り向かれ「水牛って何だったかしら」とお聞きになったのだ。ご歓談のお相手はインドの紳士。私は一瞬絶句して，「water cowであるわけがないし…!?? それって環境用語じゃないじゃありませんか！」と心中叫びつつ，頭の中の辞書を猛スピードで検索していた。Buffaloという言葉が出るまでの瞬間は，まるで10分間にも感じ，体はfreeze状態だった。

　さて，では，今回の表題の一言に，とっさに口から出た訳は何だったかと言えば，"It's not that easy!"でした。通訳としてもThat's right! It's not that easy!!!

第5章　場面別・目的別の頻出表現
——Chapter 5.　Expressions by Situation and Purpose

> **この章の目的**
> ①あいさつのスピーチを構成している内容を，場面別，目的別に検討する。
> ②各構成部分でよく述べられる内容と表現に慣れることを目的とする。
> ③各場面の頻出表現の適切な通訳を学ぶ。

　この章では，あいさつの一般的な表現を場面別・目的別に次の13の項目に分類する。

1.	歓迎	Expressions of welcome
2.	パーティーなどの会合での歓迎	Welcoming guests at parties and other functions
3.	訪問	Visits
4.	訪問の目的，理由などを述べる	Stating purpose and reasons for visit
5.	お礼・感謝	Expressions of gratitude
6.	称賛	Recognition and commendation
7.	教示・指導をお願いする	Appreciation of learning
8.	友好関係	Friendly relations
9.	姉妹県・都市関係	Sister prefecture/city relationships
10.	青少年団体	Youth groups
11.	将来への希望，期待を述べる	Wishes and expectations for the future
12.	お別れのあいさつ	Farewelling
13.	会議・会合	Conferences and meetings

　注1) 以上13項目のうち，(a) 訪問する側の発言か，(b) 訪問者を迎える立場側の発言かという区別が必要なものと (例えば1, 2, 3)，いずれの立

場でも使われる表現は変わらないもの（例えば5, 8, 9）とがある。
注2）各項目の例文の中心となる語句を太字で示した。
注3）日本語部分は✿6に，英語部分は✿7に収録されている。

1．歓迎
(a) 訪問者を歓迎する
(1) 皆様を**お迎えできる機会**に恵まれましたことは，私どもにとりましてたいへん名誉なことでございます。
(2) ベトナムからはるばる弊社をご訪問くださいました皆様に，心から**歓迎のごあいさつを申し上げます**。
(b) 歓迎への受け答え
(1) 皆様方の**温かいご歓迎に対し**，心からお礼申し上げます。
(2) ホワイトさん，**心温まる歓迎のお言葉**，ありがとうございます。

2．パーティーなどの会合での歓迎
(a) 参列者を歓迎する
(1) ここに皆様を**お迎えし**，夕食会を開催できますことをうれしく思います。
(2) 委員会を代表しまして，今宵ここにお集まりの皆様を**心から歓迎いたします**。
(b) 歓迎への受け答え
(1) **関係者の方々のご好意に対し**

1. Expressions of welcome
(a) Welcoming visitors
(1) We are honoured to have **had the opportunity to host you**.
(2) I would like to **extend a warm welcome** to our guests from Vietnam.
(b) Response to being welcomed
(1) I would like to express our sincere thanks for **your warm welcome**.
(2) I would like to say Mr White, "Many thanks for your **kind words of welcome**".

2. Welcoming guests at parties and other functions
(a) Welcoming participants
(1) I am pleased to **be able to welcome you** and host tonight's dinner.
(2) On behalf of the committee, I would like to **extend my warmest welcome** to all of you who have attended this evening.
(b) Response for welcoming
(1) I would like to express my sin-

衷心よりお礼申し上げます。
(2) 今宵は**お心のこもったレセプション**を本当にありがとうございます。

3．訪問
(a) 訪問者側のあいさつ
(1) **この度の訪問は**，我々両社の提携をさらに進めるものと確信しております。
(2) この度，ヘレナ教育センターを**訪問する機会を得ました**ことは私たちの喜びとするところであります。
(b) 受け入れ側のあいさつ
(1) 本日は，我が社の工場に**おいでいただき**，たいへんうれしく存じます。
(2) **今回の訪問により**，いっそうの相互理解をはかれることを確信しております。

4．訪問の目的，理由などを述べる
(a) 訪問者側のあいさつ
(1) 貴市におかれまして進んだ高齢者福祉対策を**ご教示賜りたく，伺いました。**
(2) こうした課題を踏まえて，今回貴国を**訪問したしだいであります。**
(b) 受け入れ側の受け答え
(1) **今回の訪問が**興味深く有益で，

cere thanks **for everyone involved**.
(2) I greatly appreciate your **heart-warming reception** tonight.

3. **Visits**
(a) Visitor's address
(1) I believe that **our visit on this occasion** will further our relations.
(2) It is indeed a pleasure **to have the opportunity to visit** the Helena Education Centre.
(b) Address by host
(1) We are extremely happy **to have you with us** today.
(2) We have no doubt that **your visit has added** new depth to our mutual understanding.

4. **Stating purpose and reasons for visit**
(a) Visitor's address
(1) We would **be most grateful to be able to learn** more about the various aspects of your city's progressive aged welfare policy.
(2) It is with this in mind that **we have taken this opportunity to visit** your country.
(b) Address by host
(1) I trust **your visit with us will**

かつ楽しいものであることを希望します。

(2) 投資の場所としてシンガポールが持つ長所を直接**経験していただければ幸いです。**

5．お礼・感謝

(1) ご列席の皆様方には，お忙しい中にもかかわらず本日の式典にわざわざご出席くださいまして，**まことにありがとうございます。**

(2) まことにささやかな晩餐会ではありますが，皆様のご協力に**感謝の意を表する意味で**本席を設けたしだいです。

(3) 本日の実りある会合に貢献してくださった方々に**心から感謝いたします。**

(4) 心のこもったお言葉や贈り物を賜りまして，**深く感謝しております。**

6．称賛

(a) 訪問先を称賛する

(1) 第3回ユースエキスポの主催者の皆様ならびに参加者の皆様がなさったすばらしい仕事に，**拍手を送りたいと思います。**

(2) 御社が開発した優れた技術を

prove** interesting, informative and enjoyable.

(2) **I hope that you will experience** at first hand the advantage that Singapore offers as an investment location.

5. Expressions of gratitude

(1) It is an honour and a privilege to welcome you all to the opening ceremony. **I would like to express my deep appreciation for** your attendance today.

(2) Tonight's dinner is a very modest affair but we have organized it **as a gesture of thanks** to everyone involved.

(3) It is my pleasure and privilege **to offer my warmest thanks** to those who have contributed to our meeting today.

(4) **I truly appreciate** the kind words and gifts that express your deep friendship.

6. Recognition and commendation

(a) Commending the host

(1) **I would like to commend** all the organisers and the participants involved in the 3rd Youth Expo for the wonderful work you have done.

(2) **May I congratulate you on** the

称賛するものであります。

(b) 受け入れ側について述べる
(1) 当市は，我が国の文化の中心地であるということにたいへん**誇りを持っております**。
(2) 我が社は，貴国と貿易を始めた最初の企業のひとつであることを**誇りとしております**。

7．教示・指導をお願いする
(a) 訪問者側のあいさつ
(1) この度の訪問は，私たちにとりましてたいへん有益な経験になると期待しております。**よろしくご教示のほどお願いいたします**。
(2) 今後ともよろしくご指導をお願い申し上げます。

(b) 受入側の受け答え
(1) 皆様の**何らかのお役に立てれ**ばたいへんうれしく思います。
(2) 私たちは皆さんが多くのことを学べるように，**できる限りお手伝いいたします**。

8．友好関係
(1) 貴国と日本両国では，産業，経済，文化，教育など様々な分野で**活発な交流が繰り広げられています**。
(2) 貴国と日本両国間の**相互貿易と経済協力**の歴史は長く，たいへ

excellent technology you have developed.

(b) Remarks by host
(1) Our city **prides itself on** being the cultural centre of the nation.
(2) **We are very proud of ourselves of** being one of the companies that commenced trading with your country.

7. **Appreciation of learning**
(a) Visitor's address
(1) We anticipate that this visit will be a very rewarding one for us, and **we look forward to learning from you**.
(2) **We would be most appreciative for your** continued assistance.

(b) Response from host
(1) We would be very pleased **if we can be of any help to you**.
(2) **We will do the best we can** to help you learn as much as possible while you are with us.

8. **Friendly relations**
(1) In both of our countries **active exchange is developing** in various fields including industry, economics, culture and education.
(2) **The mutual trade and economic cooperation** between your

ん重要な意義をもっています。

(3) 我々2社間の**取り引きならびに友好関係**は，ますます緊密度を加えていることをうれしく思っています。

(4) 両社のため，また両国の繁栄のために**この友好関係**を末長く続けていくことを願っています。

country and Japan are long established and very significant.

(3) I am gratified that **our business and friendly relations** have become increasingly strong.

(4) We hope to continue **our business relationship** for the sake of both companies as well as for our nations' prosperity.

9．姉妹県・都市関係

(1) 本日，**ホールズ市と町田市の姉妹都市関係締結**を完了できましたことは，喜ばしいかぎりであります。

(2) 今回の訪問は，両市の**友好親善**の促進に大きな役割を果たすものと確信しております。

(3) 1995年の**友好提携調印**以来，**相互理解と友好交流を促進し**，多大な成果を収めてまいりました。

(4) こうした**緊密な関係を維持し，友好の絆をさらに深めるために**，今後ともいっそうの努力をしてまいりたいと存じます。

9. Sister prefecture/city relationships

(1) We take great pleasure in finalising **the establishment of the Machida-Halls city affiliation** today.

(2) I firmly believe that this visit will **play a significant role in promoting friendship and goodwill** between our two cities.

(3) Since **forming a friendship agreement** in 1995, **we have encouraged the growth of mutual understanding and friendship**, which has proved to be highly successful.

(4) We shall continue to make every effort **to maintain our close ties and to deepen our bonds of friendship**.

10．青少年団体
(a) 訪問団体側

10. **Youth groups**
(a) Remarks by visiting groups

(1) いつの時代においても**明日の世界を担うのは**，高い理想とあふれる情熱を持つ青年たちであります。

(2) **この訪問を契機に**，貴国と日本の青年の交流がますます深まり，ひいては**世界の平和に大きく貢献する**ことを期待しております。

(b) 受け入れ側
(1) 両国の青年は相互理解のもとで交流を続け，共に成長することで**将来のために多大な恩恵を得る**でしょう。

(2) **皆さんの貴重な体験は**，生涯忘れることのないすばらしい思い出となるものと確信しております。

11. 将来への希望，期待を述べる
(1) 両国の友好関係が**これからも進展し栄えることを望んでおります**。

(2) この度のアジア学生会議の成果が今後の沖縄の振興に寄与する一端になることを，**心から期待申し上げます**。

(3) 訪問の**機会を生かし**，今後の事業の向上に役立ててまいりたい

(1) At any point in time, those who **carry the responsibility for the future** are the young people with their high ideals and boundless enthusiasm.

(2) I believe that **this visit serves to lend further impetus** to interaction between the youth of our two countries. I also hope that it will **contribute significantly to world peace**.

(b) Remarks by host
(1) The young people of both countries will **gain considerable benefit for their future** by continuing to exchange and grow together in mutual understanding.

(2) I firmly believe that **your valuable experience** will serve as a wonderful memory that lasts a lifetime.

11. **Wishes and expectations for the future**
(1) **I wish to express a hope** that the relationship and friendship between our two countries **will continue to flourish and grow**.

(2) **I expect** that an outcome of this year's ASC will be a contribution to the future promotion of Okinawa.

(3) **We intend to make the most of this opportunity** to contribute to

と存じます。

(4) これからもなおいっそうの発展のため，さらに**努力してまいる所存**でございます。

12．お別れのあいさつ
(a) 送る側
(1) 皆様の日本での滞在が**有意義なものでありましたことを心から願い，無事帰国なさいますよう**，お祈り申し上げます。
(2) 皆さんが**滞在を楽しまれ，たくさんのすばらしい思い出を胸に帰国されますことを願っています。
(b) 送られる側
(1) **最後に両国の更なる発展を祈念し，今一度幾重にもお礼を述べ，お別れのあいさつといたします。
(2) **お別れにあたり，ご出席賜りました皆様方の今後ますますのご健勝とご多幸を祈念申し上げます。

13．会議・会合
(1) 大会を**開催するにあたりまして**，一言ごあいさつ申し上げます。
(2) このような国際的な権威ある催し物を**この地で開催できますこと**は，まことに名誉なことです。

the development of future business.

(4) **We are determined to do the best we can for** further development of our business.

12. Farewelling
(a) To visitors
(1) I sincerely hope that your visit in Japan **has been a fruitful one, and wish you a safe return**.
(2) I hope that **you have enjoyed your stay and return with many wonderful memories**.

(b) By visitors
(1) **I will conclude my address by** thanking you again most sincerely, and **hoping for the continued prosperity** of our two countries.
(2) **In closing my farewell remarks, I would like to wish** everyone present today **good health and every happiness**.

13. Conferences and meetings
(1) I am very proud to have the privilege of saying a few words **at the opening of this conference**.
(2) It is truly a great honour for us here **to be able to convene** this assembly of an internationally recognized event.

(3) 本日の会議はこれで**閉会いた****します**。
(4) ここに，第6回アジア計画経済会議の**閉会を宣言いたします**。

(3) Today's session **is adjourned**.
(4) **I declare** that the 6th Asia Planned Economy Meeting **is now closed**.

【演習問題1】
項目1から13までの例文を声を出して読んでみなさい。

【演習問題2】
対訳になっていますので，例文の片側一方を隠して非母語（第二言語，B language）から母語（第一言語，A language）に自分で翻訳したものを紙に書いて，後で訳例と比較しなさい。B語からA語の練習を先にして，次にA語からB語への練習をしなさい。

【演習問題3】
例文の片側一方を隠して，英語は日本語に，日本語は英語に声を出して訳しなさい。訳は訳例と全く同じでなくてもいいですが，練習のためできるだけ近い訳になるようにしてください。B語からA語にする練習を先にしなさい。

【演習問題4】
CD（✿ 6, 7）を使って，ノートを取らずに全文を声に出して通訳しなさい。自分の通訳を録音して，検討しましょう。

◇コラム⑤◇

Proverbs, a 'double-edged sword'
——————— Monica Pinda

Some of my most memorable interpreting moments have involved the use of humour or proverbs by speakers. Sometimes the humour transfers smoothly across the cultural divide but often it's tricky.

On some occasions the interpreter can simply ask the client to laugh and explain the joke outside the meeting. Not all such situations are so easily resolved. The Melbourne subsidiary of a Japanese global manufacturer, a company that was just three years old, was being visited by the Head Office QA manager. After a plant tour he addressed a gathering of employees eager to hear his impressions. The speaker commenced by quoting the Japanese proverb 三つ子の魂百まで (literally : the spirit of the three year old will last until he is a hundred). I had no idea what this meant so said, "Japanese speakers often start speeches with proverbs and this gentleman is no exception." Everyone laughed and the speaker presumed I had interpreted correctly but I had to admit defeat. While the speaker was explaining this I recalled the old Jesuit saying that goes something like, "Give me the child until he is seven and I will show you the man". As this company was three years old and had built a strong foundation for the future, the Japanese proverb was most apt. Although embarrassing to admit ignorance it would have impaired the impact of the speaker's message had I not tried to render it accurately.

Fast forward to July, 2004 and I am still beset by speakers using proverbs. I have been part of a team of interpreters covering Korean, Japanese and English. When the project ended earlier than expected the Japanese team leader called a meeting of interpreters and asked me to interpret for our Korean colleagues. He explained that the project would be ending but that we should all make an effort to the end. He ended with the proverb, 立つ鳥後を濁さず (It's a foolish bird that fouls its own nest). I had heard this before but just improvised with, "And let's turn the lights out as we leave". Later, after explaining the proverb properly, one Korean colleague said that the comment about the lights was just as effective in that context.

Proverbs and humour certainly can be highly effective public speaking tools in a mono-lingual environment. In cross-cultural and multi-lingual situations, however, they can represent 'a double-edged sword'. The very point they are intended to illustrate can be literally 'lost in translation'.

第6章　英語のビジネススピーチ
——Chapter 6. Making a Business Speech in English

> **この章の目的**
> ①日本語話者が英語でビジネススピーチを書いてスピーチをすることを学ぶ。
> ②日本語話者が英語でスピーチを書くときに，発想の違いや言語上の習慣の違いなどが原因で陥りやすい誤りを検討し，改善のしかたを学ぶ。
> ③日本語話者が書いた英語のスピーチと，同じ内容で英語ネイティブが書いたスピーチを比較することにより，英語ネイティブによる表現法，構成などを学び，日本語話者が書いたスピーチの改善に役立てる。
> ④日本語話者が英語でビジネススピーチを準備するときの大切な要点と，スピーチをするときの音声面，非言語面，その他の留意点を学ぶ。

注）この章の添削済みのスピーチと英語ネイティブが書いたスピーチは，通訳の練習用にも使えます。

1．ビジネススピーチの実例

　スピーチ例（A，B，C，D）の4つの英語のスピーチは，英語や通訳を学習している4人の日本人によって書かれたものである。スピーチを書くにあたって，スピーチのための参考書などは用いずに，自分で考えた英語で書き，他の人による添削を加えない，という条件で書いてもらった。AとBのスピーチは，日本から海外にビジネスで出向した人による現地での歓迎会や夕食会の場でのあいさつ，CとDのスピーチは，ビジネス関係で海外から日本へ来た人たちに向かって述べるあいさつである。各スピーチ例はステップ1からステップ4に沿って学習するように構成されている。

　　注）スピーチを書いた4人のうち3人は学生で，ビジネスに携わっている

人ではないので，スピーチの内容は架空であり，その真実性に欠けるところがあるかもしれない。

> 《スピーチ例A》メルボルンの現地代理店が日本の本社から出張した国際部長のために設けた歓迎夕食会での部長のスピーチ

ステップ1　日本語話者による英語のスピーチ

【演習問題1】

次のスピーチを（1）文法，（2）語彙，（3）表現，（4）文の接続，（5）パラグラフの分け方の5項目について，自分で，あるいはペア，グループで検討して，改善しなさい（日本語の文章ではパラグラフの観念が希薄ですが，英語の文章構造では明確な意味の展開の単位です。パラグラフを正確に施す習慣をつけましょう）。

誤りだけでなく，間違いではないが別な表現のほうが適切というものも検討しなさい。

検討したことは，ステップ2の演習で使いますので，紙に書き留めておいてください。

Good evening. Thank you for organizing party for me. I am very happy and would like to thank you for your hospitality. I visit Australia for the first time. I envy you that you work in such a beautiful environment, nice people, city surrounded by gardens and also the fact that Melbourne is chosen as the world's most livable city. It cannot be compared to my office in Tokyo.
First of all, for those who I have not talked to yet, let me introduce myself. My name is Makoto Suzuki. I am a manager of the International Division of the Japan Trade. I have been especially in charge of markets in Oceania for 8 years. The purpose of my trip for this time is to sign on the new contract with a new supplier, Southern-Star Seafood, which will be held tomorrow. However, besides signing on the contract, I also would like to see the actual circumstances of Australian market. As mentioned before, I have worked in the international division for the last 8 years, however I am working in Japan and did not have so many opportunities to see the actual operation in Australia. So I would like to make the most of my stay here in Melbourne to talk to you and our suppliers and know the actual

circumstances. Then I would like to reflect what I learn here on my job in Japan. For this purpose, I would like to have opportunities to talk to you as much as possible during my stay. Please do not hesitate to tell me if you have any comment or suggestion.

Thank you again for your warm welcome and organizing this party for me. Thank you.

ステップ 2　添削

【演習問題 2】

非母語者が外国語の誤用を指摘することは，この章のスピーチのように初級レベルでないものはたいへん難しいことです。そこで，次の添削原稿のアンダーラインがある部分が，演習問題 1 で行った検討に入っていなかったら，それも加えて演習問題 1 のやり方に従って検討，改善しなさい。どのアンダーラインの部分が指摘できませんでしたか。

　添削は，文法や語彙の用法，表現，文の接続の観点から行う。訂正は，文法と表現上の間違いと，誤りではないが不自然な英語を直すことに限定した。日本語話者が書いた英語であることを尊重し，訂正は基本的に問題になる点にとどめて，スピーチを書いた人の意図に沿うようにした。訂正した部分に下線をして，番号をふり，スピーチ例全体の後に番号順に訂正語句などを示し，必要なものには訂正の理由や注記を加えた。また，スピーチは口頭で述べるものなので，コンマやコロンなどの誤りがあっても問題にならないが，ここでは，書き言葉としても通用するように訂正を加えた。

Good evening. Thank you for organizing (1) party for me. (2) I am very happy and (3) would like to thank you for your hospitality. (4) I visit Melbourne for the first time. (5) (6) I envy you that you work in such a beautiful environment, nice people, city surrounded by gardens (7) and also the fact that Melbourne (8) is chosen as the world's most livable city. (9) It cannot be compared to my office in Tokyo.

First of all, for those (10) who I have not talked to yet, let me introduce myself. My name is Makoto Suzuki. I am a manager of the International Division of the Japan Trade. (11) I have been especially in charge of markets in Oceania for 8 years. The purpose of my (12) trip for this time

is to (13) sign on (14) the new contract with a new supplier, Southern-Star Seafood, (15) which will be held tomorrow. (16) However, (17) besides signing on the contract, (18) I also would like to see (19) the actual circumstances of Australian market. (20) As mentioned before, I have worked in the international division for the last 8 years, (21) however (22) I am working in Japan and (23) did not have so many opportunities to see the actual (24) operation in Australia. So I would like to make the most of my stay here in Melbourne to talk to you and our suppliers and (25) know the actual circumstances. (26) Then I would like to (27) reflect what I learn here on my job in Japan. (28) For this purpose, I would like to have opportunities to talk to you as much as possible during my stay. Please do not hesitate to tell me if you have any (29) comment or suggestion.
Thank you again for your warm welcome and organizing the party for me. Thank you.

(1) party → this party
(2) I am very happy では何でうれしいのかが分りませんから，→ This makes me happy にするとはっきりします。
(3) would like to → I would like to
(4) I visit Melbourne for the first time. → This is my first visit to Melbourne.
(5) 前の文とのつながりがよくありませんが，口語で述べる場合はそんなに問題にならないでしょう。
(6) この文は長すぎることと，異なる質の記述を同じ文中に並列させているために，理論上も混乱が起きています。まず，gardens でピリオドにします。そして，nice people, city は → with nice people, and with a city に改めます。with の用法は，日本語と対応しない部分があって，日本人はなかなか使いこなせませんが，たいへん幅広く使われる前置詞です。辞書の例文などでいろいろな使い方を学んでください。
(7) gardens の後，新しい文で，I can understand why Melbourne was chosen... とします。スピーチは，長い文は禁物です。
(8) is chosen → was chosen
(9) It cannot be compared to my office in Tokyo. A さんは，「私の東京のオフィスは比べようがない（ほど劣る）」と言いたかったのだと思いますが，この英語では逆の意味，「私の東京のオフィスは比べられないほどいい」ことになります。→ 正しくは，My office in Tokyo cannot be compared with this.
(10) who → whom

(11) I have been especially in charge of markets in Oceania for 8 years. この英文は不自然なので，次のように書き換えます。→ My main responsibility for 8 years has been markets in Oceania.
(12) trip for this time → trip this time
(13) sign on は，雇用されて承諾のサインをする，出勤したことを証明するためにサインするなどの場合に使われて，書類や小切手に署名するときは，on はいりません。
(14) the new contract → contract という語はここでは初出ですから，a contract.
(15) ここで文をきって，新しい文で This will be done tomorrow.
(16) However を使う意味がここではありませんからとりましょう。
(17) besides は間違いではありませんが，→ as well as, あるいは in addition to の方がいいです。signing on も上記 (13) に従って，→ signing に直してください。そして，contract はすでに述べられていますから，今度は the contract です。
(18) I also would like to は，誤りとは言えませんが，→ I would also like to の方が自然です。
(19) the actual circumstances は間違いではありませんが，オーストラリア内部の特定の状況を知りたいと言うのですから，→ the actual workings に訂正しました。また，of Australian market は，→ of the Australian market です。
(20) 「前にも申し上げたとおり」という言い方は，日本語では文のつなぎとして，あまり重要な意味をもたずに使われますが，そういう機能の日本語表現をそのまま英語に使うと不適切なことがよく起こります。これはその一例です。前に言ったことを強調することによって，相手を説得したいような状況なら，「前にも申し上げたとおり」と言って「思い出させる」ことは大切ですが，この場合はそうするほど重要事項ではないし，8年間オセアニア地域の市場を担当していたことは，すぐ前に述べたばかりなので，そんなに強調すると不自然になります。代わりに，Although で文を始めて，後の however をとるほうが文の流れがよくなります。
(21) however → 除く
(22) I am working in Japan → I am located in Japan
(23) did not have so many opportunities → have not had many opportunities 英文法の教科書の過去，現在完了，過去完了の部分を復習してください。これは現在完了です。
(24) operation → operations
(25) know → come to know あるいは learn に直します。know を単独に使

うと「知っています」という意味で「学ぶ」という意味ではありません。また，ここでの the actual circumstances は，→ your actual circumstances. (19) の場合と少し異なり，オーストラリアと日本の関係に及ぶ事情という意味ですから，ここでは circumstances のままでいいです。Aさん自身がそういう違いを意識していたかどうかわりませんが，文の上ではそういう違いが感じられます。

(26) 書いたものでしたら，Then の後にコンマが必要。
(27) reflect → reflect on この文は，次のようにしないとこちない感じがします。→ Then, back on my job in Japan, I would like to reflect on what I have learned here.
(28) ここでは立て続けにどの文も I would like to で始まっているので，3つのうちのどれかを替えて変化をつけましょう。例えば，この文は，It is, therefore, my purpose to have opportunities... と言い換えられます。
(29) comment or suggestion → comments or suggestions, 両語とも複数です。日本語話者にとっては，英語の単数と複数の正しい使い方はたいへん難しいことです。どういう時に複数にするか，常に英語で書かれたものに注意を払って学習しなければなりません。

日本語では複数の概念が希薄なので，複数の s を落としてしまいがちです（例えば，the Blue Mountains は日本語ではブルーマウンテン）。逆に，ある通訳者がそれを意識して，日本文の中で「こういうプランズは…」と，わざわざ複数の s にあたる「ズ」をつけているのを雑誌記事で見たことがありますが，これを規則として実施するのは不可能ですし，英語の規則を日本語にあてはめているのですから，やはり日本語が不自然です。この方法では side の複数の sides は「サイズ」となってしまい，size との区別がつかなくなってしまいます。また，ある講演で日本人が，時事問題（current affairs）のことを current affair（今やっている情事）と言うので，それを聞くたびにどきどきしたことがあります。このように，単数か複数かは s ひとつの問題ですが，意味が大きく変わってしまうこともあり，軽視できない重要な英語の規則・習慣です。

・最後にパラグラフを考えましょう。スピーチでは関係がありませんが，書いたものとしたらこのスピーチはもうひとつどこかで段落をつけなくてはなりません。パラグラフはトピックごとに設けるわけですから，このスピーチは，This will be done tomorrow. を区切りにするのが適切でしょう（(15) を参照）。

【演習問題 3】
上の添削に従ってスピーチを自分で書き直しなさい。

74　第6章　英語のビジネススピーチ

ステップ3　添削後のスピーチ

　Good evening. Thank you for organizing this party for me. This makes me very happy and I would like to thank you for your hospitality. This is my first visit to Melbourne. I envy you that you work in such a beautiful environment, with nice people, and with a city surrounded by gardens. I can understand why Melbourne was chosen as the world's most livable city. My office in Tokyo cannot be compared with this.

　First of all, for those whom I have not talked to yet, let me introduce myself. My name is Makoto Suzuki. I am a manager of the International Division of the Japan Trade. My main responsibility for 8 years has been markets in Oceania. The purpose of my trip this time is to sign a new contract with a new supplier, Southern-Star Seafood. This will be done tomorrow.

　As well as signing the contract, I would also like to see the actual workings of the Australian market. Although I have worked in the International Division for the last 8 years, I am located in Japan and have not had many opportunities to see the actual operations in Australia. So I would like to make the most of my stay here in Melbourne to talk to you and our suppliers and come to know your actual circumstances. Then, back on my job in Japan, I would like to reflect on what I have learnt here. It is, therefore, my purpose to have opportunities to talk to you as much as possible during my stay. Please do not hesitate to tell me if you have any comments or suggestions.

　Thank you again for your warm welcome and organizing the party for me. Thank you.

ステップ4　英語ネイティブが書いたスピーチ

以下は，同じ内容のスピーチを英語ネイティブに書いてもらったものである。

【演習問題4】
ステップ1のAさんのスピーチとステップ4の英語ネイティブが書いたスピーチを比べて，日本人と英語ネイティブに見られる表現の違いや，文の構成の違い，発想の違い，文化の違いなどを，自分で，あるいはペア，グループで検討して，リストを作りなさい。

　Hello ladies and gentlemen. Thank you for your warm welcome. I have been given such a wonderful reception tonight that I feel very honoured. Thank you for your generous hospitality.

I am very excited to come to Australia. This is my first visit here and I can see that you are very fortunate to live in such a beautiful country. Melbourne has such a relaxing environment with many friendly people, open spaces, and large parks and gardens to enjoy. I heard that this is the world's most livable city and I don't doubt that at all. Tokyo seems so crammed in comparison. So I am very envious of you who can work in such a nice environment.

For those who don't know me, my name is Makoto Suzuki. I work for the International Division of the Japan Trade and have been in charge of the Oceania market for 8 years. The main purpose of my visit is to formalize a new contract with Southern-Star Seafood, who I am delighted to announce will be a new supplier to Japan. I am looking forward to signing the contract tomorrow.

Another purpose of my visit is to learn about the Australian market, of which I do not have much knowledge. In particular, I am very interested in the operational side of your business. I am keen to learn as much as possible about operations in Australia during my stay and implement that knowledge in my own job. I am certainly looking forward to talking to many of you who are here tonight

Thank you again for your hospitality and the opportunity to meet with you all tonight. I am truly enjoying my visit to Australia, and in particular the warm, wonderful feeling of Melbourne. Thank you.

《スピーチ例B》日本の食品輸入会社の社員一行がカリフォルニアの有機栽培の事情を視察。最終日夜の夕食会での代表のあいさつ

ステップ1　日本語話者による英語のスピーチ

【演習問題1】
次のスピーチをスピーチ例Aの演習問題1（p.69）と同じ演習をしなさい。

Good evening everyone. I would like to say a few words for finishing our visit.
First, I am pleased to announce that our visit was successful.
I would like to express my gratitude to the members of organic association

and the staff of the business consultant's office for their support in making this visit happen.
Since the establishment of our company, we have been doing business with our motto of providing healthy and safe food to customers. Recently, as seen in issues such as mad cow disease and genetic modified food, safety of food is being challenged. In Japan organic produce is becoming popular and we are making efforts to meet the demands. However, especially organic produce is influenced by weather. In addition, there is no clear standard for organic produce in Japan. Therefore it is not easy to stably supply real organic produce. That is why we decided to look at overseas organic growers and this visit was carried out.
During the visit we could directly meet organic growers here and exchanged our opinions. We will talk about business in details later on and we have assured it will go along on the right track. Thank you.

ステップ2 添削

【演習問題2】

スピーチ例Aの演習問題2 (p.70) と同じ演習をしなさい。
添削の方法はスピーチ例Aと同じです。
　注）Bさんは，日本語でスピーチを書いて，それを英訳しました。

Good evening everyone. I would like to say a few words (1) <u>for finishing our visit</u>.
First, I am pleased to (2) <u>announce</u> that (3) <u>our visit was successful</u>.
I would like to express my gratitude to the members of (4) <u>organic association</u> and the staff of the business consultant's office for their support in making this visit (5) <u>happen</u>.
Since the establishment of our company, we have been doing business (6) <u>with our motto</u> of providing healthy and safe food to customers. Recently, as seen in issues such as mad cow disease and (7) <u>genetic</u> modified food, safety of food (8) <u>is being challenged</u>. In Japan organic produce is becoming popular and we are making efforts to meet the demands. However, (9) <u>especially</u> organic produce is (10) <u>influenced</u> by (11) <u>weather</u>. In addition, there is no clear standard for organic produce in Japan. Therefore it is not easy to (12) <u>stably supply</u> real organic produce. That is why we decided to look at overseas organic growers and (13) <u>this visit was carried out</u>.
(14) <u>During the visit we could directly meet organic growers here and</u>

exchanged our opinions. We will (15) talk about (16) business in details (17) later on (18) and (19) we have assured (20) it will go along on the right track. Thank you.

(1) for finishing our visit → at the end of our visit に訂正。
(2) announce はおおげさ → say に訂正。
(3) our visit was successful は物足りない言い方。また，訪問がすでに過去のことになってしまったわけではないので，was は現在完了形の has been → our visit has been a great success.
(4) organic association. organic は形容詞ですからその後に organic vegetable/produce のように，名詞が続かなければなりません。団体名は the が必要，そして最初の文字を大文字で書きます。→ the Organic Products Association.
(5) happen は計画しなかったことが「起きる」ときに使いますので，この視察は十分準備されて「実現した」(B さんの日本語原文) のですから，→ possible に直します。
(6) with our motto → under the motto
(7) genetic は文法的誤り → genetically
(8) is being challenged は意味が明確ではありません。B さんの日本語の原文は「食品の安全性が問われています」です。この日本語自体，よく考えると明確さに欠けますが，日本語だと別に疑問を感じません。英語では，こういうあいまいな言い方を避ける傾向が日本語より強いので気をつけましょう。"is being challenged"（問われています）は，「一般の人たちの関心の的になっている」という意味だと思います。そこで訂正した文は，→ Safety of food has become a matter of public concern.
(9) especially の位置が正しくありません。→ is especially influenced が正しい。副詞の位置は簡単そうに見えますが，実際は何を修飾しているのかよく考えて使わなければなりません。
(10) influence は，影響を与える対象をよく見極めて使ってください。性格や態度に影響するときはいいですが，ある条件に左右されるという意味の場合は，subject to と言います（B さんの日本語原文では，「左右される」となっています）。
(11) weather は天気という意味で，ここでは天候条件という意味ですから → climate conditions に訂正（B さんの日本語原文は「天候」）。
(12) stably は辞書では確かに「安定して」と出ていますが，stably supply という使い方はできません。→ a stable supply にします。そして，動詞を ensure にして，→ not easy to ensure a stable supply of となります。ensure という語は，日本語では「確実にする」,「保証する」という意味

で，ぎこちなく，また堅苦しくて使いにくいですが，英語では「必ず…します」「…するように見届けます」という語感で頻繁に使いますから，その用法に慣れてください。けれども，日本語では，同じ気持ちがあっても言語として必ずしも表現しないために，日本人にとっては使いにくい言葉だと思います。

(13) carried out は，上からの命令で何かを遂行するときに使いますから，ここではふさわしくありません（Bさんの日本語原文は，「今回の視察の運びとなりました」です）。 → that is the reason for this visit が通常の言い方でしょう。

(14) During から始まって，opinions で終わるこの文は，文法的間違いはありませんが，「直接有機栽培者と会って話をしました」という報告をしている感じで，それがどうだったかという感想が感じられないために，この場でのスピーチとしてふさわしくありません。日本語原文の「視察では，直接有機栽培農家の皆さんからお話を伺うとともに，意見の交換も行うことができました」からは，だからよかったという気持ちが伝わります。それは，敬語が使用されていて，「行うことができました」で結んでいるからだと思います。そこで，→ During the visit we had opportunities to meet ... にすると，「成果があった，達成できた」という感じが注入されます。→ We are delighted to meet organic growers でもいいです。directly はいりません。会うのは直接に決まっていますから。けれども，日本語の「直接会ってお話ができた」というのは，感謝の気持ちが含まれています。それを踏まえた訳例を次に挙げておきます。→ We appreciate the opportunities to meet organic growers to exchange our opinions

また，この英文は最後が中途半端な感じがします。opinions まで聞くと，「それだからどうしましたか」と聞きたくなります。これは，上と同じ問題で，「だから有意義だった」という気持ちが英文には書かれていないことが原因だと思います。このように，日本語では書かなくても気持ちが伝わることが，英語ではきちんと述べないと伝わらないことがよくありますから，気をつけてください。ここは，→ and consider future possibilities を付け足します。

(15) talk → discuss. 正式に，あるいは問題点を絞って話し合う場合は discuss と言います。

(16) about business in details → the business details

(17) later on ははっきりしません。「このパーティーのあとで」とも受け取れます。日本語原文は「後日改めて」ですが，→ after our return to Japan とはっきりさせるのが英語らしい表現です。

(18) and → but でないとおかしい。

(19) we have assured の assure は相手に確約することなので，これからのことを過去形で確約しましたというのはおかしい。We assure you なら正しいですが，ここでは適切ではありません。→ we are confident が適切。
(20) it will go along on the right track はもっと簡潔に → we are on the right track.
- パラグラフについて。最初のパラグラフは happen まで。第2パラグラフは carried out までで，このスピーチは3つのパラグラフに分けられます。

【演習問題3】
上の添削にしたがってスピーチを自分で書き直しなさい。

ステップ3 添削後のスピーチ

Good evening everyone. I would like to say a few words at the end of our visit. First, I am pleased to say that our visit has been a great success. I would like to express my gratitude to the members of the Organic Products Association and the staff of the business consultant's office for their support in making this visit possible.

Since the establishment of our company, we have been doing business under the motto of providing healthy and safe food to customers. Recently, as seen in issues such as mad cow disease and genetically modified food, safety of food has become a matter of public concern. In Japan organic produce is becoming popular and we are making efforts to meet the demands. However, organic produce is especially subject to climate conditions. In addition, there is no clear standard for organic produce in Japan. Therefore it is not easy to ensure a stable supply of real organic produce. That is why we decided to look at overseas organic growers and that is the reason for this visit.

We appreciate the opportunities to meet organic growers to exchange our opinions and consider future possibilities. We will discuss the business details after our return to Japan, but we are confident that we are on the right track. Thank you.

ステップ4 英語ネイティブが書いたスピーチ

【演習問題4】
スピーチ例Bについて，スピーチ例Aの演習問題4 (p.74) と同じ演習をしなさい。

Good evening everyone. I'd like to take this opportunity to say a few words before we continue our final evening here. For us, our visit to California has been a huge success and we are extremely satisfied from what we have learned from meeting with you.

Although organic food has a good reputation for being healthy and safe, it has only recently started to become popular in my country. Increased awareness of mad cow disease and the problems associated with genetically modified food have encouraged people to become more conscious of what they eat. Consequently, our company wants to meet the increasing demand for organic food, and to promote healthy and safe eating.

We came to California to address two issues. Firstly, to look at the standards set for organic produce here, as there are currently no regulations established in Japan. And secondly, to look at ways to overcome the difficulties we face with supplying organic food year-round due to our climate conditions. We see an opportunity to open up a new market to American farmers and provide them with a secure and stable export revenue. We are keen to follow up on our initial discussions in this regard in the near future.

Tomorrow we will fly back to Japan with many opportunities for the future. This has been a highly successful and enjoyable visit for us. So on behalf of our company, I would like to thank everyone in the Organic Products Association and in the business consultant's office. Your enthusiasm, assistance and the knowledge you have so kindly shared have been greatly appreciated by me and my team. I look forward to the healthy continuation of our relationship and the growth in our business. Thank you.

《スピーチ例C》アジア諸国のテレビ局で記者やディレクターなど番組制作にかかわる10人のスタッフが東京のテレビ局で2週間の研修コースに参加。本日は最終日。研修を終えたメンバーを前にコーディネーターがあいさつする。

(ステップ1)　日本語話者による英語のスピーチ

【演習問題1】
スピーチ例Aの演習問題1（p.69）と同じ演習をしなさい。

Now, we are finishing this two-week training program. You have enough time to go out for shopping at Shinjuku and Akihabara. So just feel free and pay attention to my speech, please.
Every basic know-how for producing programs and news coverage must have been input to you through the course.
I hope you have acquired a lot of things that you regard as useful for doing your work in your country.
However, what I want you to keep in mind is, the spirit as a journalist is more important than techniques and know-how.
Then, what is the spirit as a journalist? The answer is, ... that is your homework!
If you want to be a sincere journalist, you aren't free from a big question whether you can continue to be a sincere journalist or not.
Ethics of journalists is not so complicated. You can keep it by just remembering that you are a citizen before you are a journalist.
That's just simple, but at the same time, it's not easy to keep it when you face a threat or temptation.
Again, I do hope all of you will become journalists with sincere mind.
Let's keep in touch with each other. Thank you.

ステップ2　添削

【演習問題2】

スピーチ例Aの演習問題2 (p.70) と同じ演習をしなさい。

添削方法は，スピーチ例Aと同じです。

　　注）[　]内は，Cさんがこれに代わる別な文を用意して，どちらがいいか聞いた部分です。添削文中で解説します。

Now, we are finishing this two-week training program. (1) You have enough time to go out shopping at Shinjuku and Akihabara. (2) So just feel free (3) and pay attention to my speech, please.
Every basic know-how for producing programs and news coverage must have been (4) input to you through this course.
I hope you have acquired a lot of things that you (5) regard as useful for doing your work [in your country.]
However, what I want you to keep in mind is, the spirit as a journalist is more important than techniques and know-how.
(6) Then, what is the spirit as a journalist? The answer is, ... that is your

homework!
(7) If you want to be a sincere journalist, [you aren't free from a big question whether you can continue to be a sincere journalist or not.]
(8) Ethics of journalists is not so complicated. You can keep it by just remembering that you are a citizen before you are a journalist.
(9) That's just simple, but at the same time, it's not easy to keep it when you face a threat or temptation.
Again, (10) I do hope all of you will become journalists with sincere mind.
Let's keep in touch with each other. Thank you.

(1) you と have の間に「だから」という意味をもたせる now を入れて → you now have にしないと意味が通りません。now には，今，だから，では，えーと等，幾通りかの用法があります。辞書で確認してください。
(2) So just feel free は，英語ネイティブが聞いて意味がわかりません。→ So you can relax と言いたいのだと思います。
(3) and pay attention to my speech, please は適切ではありません。まず，前の文脈からいうと，and ではなくて but のはずですね。そして → I have a few things to say before you go にします。pay attention は，必ず聞いてもらわないと後で困る種類の連絡事項（例えば，旅行先で添乗員が予定やお知らせを旅行者に伝える）とか，聞いていない人の注意を促すときなどに使います。
(4) input は名詞として使われることが多く，動詞の用法ではコンピューターに「入力する」という意味になります。最近，「インプット」という言葉が日本語として使われますが，これは和製英語ですから気をつけてください。→ given にする，あるいはこの文を you have learned で始めるかのどちらかです。
(5) regard as → find
この文中の in your country について C さんは別な2つの表現を用いて，どれがいいかと聞きました。
　　(a) in your country
　　(b) after you return to your country
　　(c) after going back to your country の3つです。どれも同じことを別な言い方で言っているだけで，どれがいいということはありません。
(6) Then, what is は間違いではありませんが，ネイティブだったら → What then is と言います。「では」で始まる日本文に影響されやすいですね。
(7) この文は英語の間違いはありませんが，英語ネイティブが聞くと意味を頭の中で整理しながらでないと理解できません。論旨が抽象的であり，the

spirit as a journalist や sincere journalist が意味するところが明確にされないうちに，you aren't free from a big question whether you can continue to be a sincere journalist or not という暗示的な文につながるので，あたり一面もやに包まれた感じで，聞いたとたんに理解することが難しいのが原因だと思います。Cさんは，これに代わる文を用意して，どちらがいいかと聞いています。それは，You aren't free from a problem to be tested as a journalist like what you should do で，具体的にした意図はうかがえますが，文法と表現の不十分さのため，最初の文のほうがいいという結果になります。

(8) ethic of journalists は → journalistic ethics. ethics は「倫理」の意味では複数扱いですが，1つの分野を表す場合には単数扱いです（例 Ethics is a part of philosophy）。ここでは前者に該当し，したがって後に続く動詞は複数（are）です。

(9) That's just simple → It's that simple. ところで，ジャーナリストの職業倫理は，Cさんは複雑ではないと言っていますが，私は通訳の職業倫理と似ているが，それ以上に複雑だと思います。通訳者が関係する人数はふつう限られていますが，報道関係者は一般大衆を対象とし，その社会的責任が問われるからです。けれども，この問題はスピーチの添削とは無関係です。

(10) この文は英語の間違いはありませんが，おかしく感じます。次のように直すと意味がはっきるするばかりでなく，前との関連も示唆し，結びのことばとしても適切です。→ I do hope all of you become not only competent journalists but journalists with sincere mind. competent という言葉が前述のノウハウ，技術を身につけたことを指します。

・パラグラフについて。ここではパラグラフなしで1行ずつ改行して書かれていますが，次のように3つのパラグラフに分けるといいでしょう。第1パラグラフは before you go まで，第2パラグラフは that is your homework! まで，以下が第3パラグラフとなります。

【演習問題3】
上の添削に従ってスピーチを自分で書き直しなさい。

ステップ3　添削後のスピーチ

　Now, we are finishing this two-week training program. You now have enough time to go out shopping at Shinjuku and Akihabara. So you can relax, but I have a few things to say before you go.

　You have learnt every basic know-how for producing programs and news coverage through this course. I hope you have acquired a lot of things that you find useful for doing your work in your country. However, what I want you to keep in mind is, the spirit as a journalist is more important than techniques and know-how. What then is the spirit as a journalist? The answer is ... , that is your homework!

If you want to be a sincere journalist, you aren't free from a big question whether you can continue to be a sincere journalist or not. Journalistic ethics are not so complicated. You can keep it by just remembering that you are a citizen before you are a journalist. It's that simple, but at the same time, it's not easy to keep it when you face a threat or temptation. Again, I do hope all of you become not only competent journalists but journalists with sincere mind. Let's keep in touch with each other. Thank you.

ステップ4　英語ネイティブが書いたスピーチ

【演習問題 4】
スピーチ例 C について，スピーチ例 A の演習問題 4（p.74）と同じ演習をしなさい。

Congratulations on completing this television production training course. In the past two weeks we have covered many aspects of effective television production and journalism, including programming and news coverage. I hope that you have learned a great deal from the course and are now looking forward to implementing many of these skills and techniques when you return to your jobs.

Of course the things you have learned here will provide you with basic strategies and sound knowledge, and you will no doubt find this course extremely useful when you apply it to your work. However, there is one thing that is more important than techniques and know-how, and it is the secret of becoming a great journalist ... it is the spirit of journalism.

What then is the spirit of journalism? The answer is ... , well, that is your homework!

Remember also to be sincere and ethical. You are not free from the big questions, and obtain and use information from a high moral ground. Journalistic ethics are not so complicated provided you regard yourself as a citizen before a journalist. As a citizen, you need to deal with any threat or temptation with a clear mind and a clear conscience. And you will come across threats and temptations as a journalist, so I hope all of you do your job with a sincere mind.

This course is drawing to a close. And, YES! You can now go to

Shinjuku or Akihabara for shopping. Thank you all for your participation in this course and I wish you all the best for your careers.

> 《スピーチ例D》イギリスの菓子製造業者の団体が東北地方にある米菓子類製造工場を視察。一行の到着を工場長が出迎える。訪問の目的はビジネスの成功ではなく，同業者たちによる企業視察（technical visit）である。

ステップ1　日本語話者による英語のスピーチ

【演習問題1】
スピーチ例Aの演習問題1（p.69）と同じ演習をしなさい。

Good morning everyone. I am Takeo Yamamoto, the factory manager of Akita Rice Confectionery Company. I am glad to have an opportunity to welcome all of you. Thank you for visiting our factory all the way from Britain in spite of your busy schedule. Since the managing director of our head office in Tokyo told us that you would come to see our factory, we have been waiting for today. I heard that you arrived Tokyo late at night yesterday, then left the hotel early in this morning heading to our factory. I guess that you should be very tired. So I hope you can have a bit of rest during this lunchtime.

After lunch, we are going to tour the factory and a laboratory. I am very happy to have a chance to show you our production process. Our factory has established in 1890. Since then we have produced a variety confectioneries made from rice. Responding to the change of times and the needs of consumers, we have changed our production methods and also we've adopted innovative technology.

It is really nice to hear that rice confectioneries are getting popular among consumers in Britain nowadays. I've heard that the major reason for the trend is that now more people are concerned about their health. I am sure that you can understand how healthy rice confectioneries are by looking at the production process at first-hand. Especially, at the section of making rice cracker, you can see how healthy it is, compared to potato chips.

I hope today's tour can be of some help to deepen your understanding about rice confectioneries and its production methods. Thank you for listening.

ステップ2　添削

【演習問題2】
スピーチ例 A の演習問題 2（p.70）と同じ演習をしなさい。
添削方法はスピーチ例 A と同じです。

Good morning everyone. I am Takeo Yamamoto, the factory manager of Akita Rice Confectionery Company. I am glad to have an opportunity to welcome all of you. (1) <u>Thank you for visiting our factory all the way from Britain in spite of your busy schedule</u>. Since the managing director of our head office in Tokyo told us that you would come to see our factory, we have been waiting for today. I heard that you arrived Tokyo late at night yesterday, then left the hotel early (2) <u>in this morning</u>, heading to our factory. I guess that you (3) <u>should be</u> very tired. So I hope you can have a bit of (4) <u>rest</u> during this lunchtime.

After lunch, we are going to tour the factory and a laboratory. I am very happy to have a chance to show you our production process. Our factory (5) <u>has established</u> in 1890. Since then we have produced a (6) <u>variety confectioneries</u> made from rice. Responding to the change of times and the needs of consumers, we have changed our production methods and also we've adopted innovative technology.

It is really nice to hear that rice confectioneries are getting popular among consumers in Britain nowadays. (7) <u>I've heard that</u> the major reason for the trend is that now more people are concerned about their health. I am sure that you (8) <u>can</u> understand how healthy rice confectioneries are by looking at the production process at first-hand. Especially, at the section (9) <u>of making</u> rice cracker, you can see how healthy it is, compared to potato chips.

I hope today's tour can be of some help to deepen your understanding about rice confectioneries and its production methods. (10) <u>Thank you for listening</u>.

(1) この文には間違いはありませんが，このイギリス人グループはこの工場に来るだけのためにわざわざイギリスから来たはずはないので（英語はそういう意味になります）→ Thank you for visiting our factory, having come all the way from Britain とすれば，その問題は解消します。英語ネイティブには in spite of your busy schedule はなんとなくおかしく感じられるようです。おそらく，日本語のあいさつでは入らないほうがおかしい，「お忙しいところ」の英訳だと思いますが，英語のあいさつスピーチにそういう習

慣がないためになんとなくおかしく感じるのでしょう。また，英語から判断すると，この人たちがイギリスで忙しいのか日本でのスケジュールが忙しいのかがわからない。けれども，現実には，日本人の工場長がDさんが書いたこの文を英語で言っても，視察に来たイギリス人たちはちっともおかしいとは感じないでしょう。
(2) in は不要　→　early this morning
(3) should　→　would に変更。should は「(お疲れ)でしょう」の意味で使ったのだと思いますが，ふつう should は「…しなければならない」「…のはずである」の意味です。ほかに「…でしょう」の意味で使われる場合は，条件法（I should be grateful if you could call me）と，特定の動詞と特定の形容詞と共に使われるときだけです。
(4) rest だと寝てしまう感じになるので　→　relaxation がいいでしょう。
(5) has established　→　was established
(6) variety confectioneries　→　variety of confectioneries
(7) 製品を生産している工場のトップの人が，人々の健康への関心が強くなったことが原因していることを「聞いています」と言うのは消極的に聞こえます。I've heard that を取り除いた方が積極的な言い方になります。また，短いスピーチの中で，I heard, to hear, I've heard と3回も「聞いた」という表現が使われているのは多すぎます。このような同じ表現の多用が癖にならないように気をつけましょう。
(8) can　→　視察はこれからですから，未来形の will です。
(9) section of making これでも通じますが，英語ネイティブはおかしく感じる。
　→　section for making あるいは section which makes, あるいは section making
(10) Thank you for listening よりも，歓迎するというスピーチのテーマに戻って，→　Welcome to our factory あるいは Thank you again for visiting our factory で結んだ方が効果的。
・パラグラフの分け方はこれで正しいです。

【演習問題3】
上の添削に従ってスピーチを自分で書き直しなさい。

ステップ3　添削後のスピーチ

　Good afternoon everyone. I am Takeo Yamamoto, the factory manager of Akita Rice Confectionery Company. I am glad to have an opportunity to welcome all of you. Thank you for visiting our factory in spite of your busy schedule, having come all the way from Britain. Since the managing director of our head office in Tokyo told us that you would come to see our factory, we have been waiting for today. I heard that you arrived Tokyo late at night yesterday, then left the hotel early this morning heading to our factory. I guess that you would be very tired. So I hope you can have a bit of relaxation during this lunchtime.

After lunch, we are going to tour the factory and a laboratory. I am very happy to have a chance to show you our production process. Our factory was established in 1890. Since then we have produced a variety of confectioneries made from rice. Responding to the change of times and the needs of consumers, we have changed our production methods and also we've adopted innovative technology.

It is really nice to hear that rice confectioneries are getting popular among consumers in Britain nowadays. The major reason for the trend like many other countries is that now more people are concerned about their health. I am sure that you will understand how healthy rice confectioneries are by looking at the production process at first-hand. Especially, at the section for making rice cracker, you can see how healthy it is, compared to potato chips.

I hope today's tour can be of some help to deepen your understanding about rice confectioneries and its production methods. Welcome to our factory once again.

ステップ4　英語ネイティブが書いたスピーチ

【演習問題4】
スピーチ例Dについて，スピーチ例Aの演習問題4 (p.74) と同じ演習をしなさい。

Good morning everyone. My name is Takeo Yamamoto. I am the factory manager here and I am glad to welcome you all and to show you around Akita Rice Confectionery Company. It's exciting for me that you've come all the way from Britain and visit our factory located far away from Tokyo. I believe you must be a little tired. I am told you arrived in Tokyo late last night and then you had to leave the hotel early to get here. So we will have some lunch straight away.

After lunch I will take you on a tour of our factory and laboratory to give you a better understanding of the variety of rice confectioneries we offer and how they are made. Our company was established in 1890, but you will see that many things have changed since. The variety of our confectioneries has obviously increased and we will show you how we have responded to the changing needs of our customers. Also, you will see how we've adopted the most innovative technology to ensure our production remain highly efficient and cost-effective.

It is really nice to hear that rice confectioneries are also getting popular in Britain nowadays. The major reason for this worldwide trend is that people are becoming more concerned about their health and that rice crackers offer a healthy alternative to potato chips. I believe that they taste better, too. Well, we will test both theories during the tour in the afternoon.

But now, first thing first. Please relax, freshen up and join me in some drinks and lunch. Thank you.

2. 英語でビジネススピーチを準備する要点

(1) スピーチ場面の限定

日本人がビジネスに関連してスピーチを英語でする場面は，①日本で海外からの人たちを迎えた場合，②日本人が海外に出向した場合，③多国籍企業内で社員に向かってする場合（新入社員の紹介，退社する社員や結婚する社員に対してなど），の3つの場面がある。そして，スピーチの目的は，会社の紹介，新製品の説明，新企画の提示，多国間会議，あるいは各種式典，晩餐会や各種パーティーなど，数多くある。本書では，①と②の場面に関連する，歓迎，送別，紹介など，ビジネス上の親善・友好を主な目的とする非公式の集まりで，通訳を介する必要があるほど高度な内容のものでないスピーチを対象とする。

(2) スピーチを準備する手順

手　　順	考慮・検討する項目
(1) スピーチをする状況を把握する	・誰に，どこでスピーチするのか ・どういう目的の集まりか ・どういう目的でスピーチをするのか ・どのくらいの長さのスピーチか
(2) 述べたいことを箇条書きにする	・順序に関係なく，言いたいことをリストにしてみる（日本語でも英語でもよい）

(3) リストを整理する	・(2) のリストを順序立てて，出だし，本論，結びの順に配置する。 ・スピーチの内容とその展開（流れ）を検討する ・内容と時間の観点から，必要のないものを省き，整理する
(4) スピーチ全体を英文で下書きする	・話すように，平易な語句で書く ・やさしい文構造で，短いセンテンスで書く ・パラグラフにまとめる ・(1) の目的に合った内容かどうかを検討する ・スピーチの展開は適切かどうかを検討する
(5) 辞書や参考書を使って英語を修正する	・センテンス間とパラグラフ間の結束性を検討し，つなぎ語（注参照）の適切さをチェックする ・同じ語句を同じ文や隣り合った文の中で繰り返していないかをチェックする ・短い文が単調でなく，効果的に書かれているか確認する ・原因と結果などが正しく，はっきり伝わるかをチェックする ・日本語の発想や習慣にとらわれていないかに気をつける
(6) できた原稿を声に出して読んで確かめる	・意味を考えながら読むことによって，文の長さ，語句の適切さや明快さなどを耳でチェックする ・聞く人の立場を考えて修正する ・発音しにくい語句を変更する

注）文と文の間や，各パラグラフの間には，論点の関連性がなければならないが，つなぎ語はそれらを関連づける大切な役割を果たす。例えば，although, as a result, besides, equally important, furthermore, however, in addition, in other words, moreover, on the contrary, therefore, to begin with などの語句である。つなぎ語のリストを作成して活用することを勧めます。

(3) 親しみを感じさせるスピーチをする

　親善・友好を目的とするスピーチでは，話し手は聞く人との間に連帯感をつくることが特に大切である。ビジネススピーチの場合は，双方は共通の興味や目的を持っているため，連帯感をつくる土台はすでにできていると言える。聞く人たちが親しみを感じることを一言入れればよいのである。来日した訪問者を迎えるのであれば，その人たちの国のこと，携わっている仕事や活動について，上司から聞いた思い出話などを話すことによって結びつきができる。海外に出向した場合は，その関係企業で働く人々を称賛したり，その土地が誇っている特産品やスポーツについてや，自分が経験したり感じた日常的な出来事についてふれる，といった程度で十分効果がある。このように，おおげさでない称賛をしたり，お互いの類似点をあげたり，対照させたり，自分が感動したことなどを一言入れるだけで，聴衆となごやかな親しい関係がつくり出せる。

　聴衆と「親しい関係をつくる」ことを rapport と言うが，rapport をつくるにはスピーチの内容だけでなく，アイコンタクトをとることも大切である。rapport は，スピーチの成功度の 40 パーセントに相当するという考え方もあるほど重要である（rapport のほかは内容 25 ％，デリバリー 25 ％，事後の評価 10 ％）。

(4) スピーチのなかでのジョーク

　英語のスピーチではユーモアが不可欠であり，ジョークがコミュニケーションを円滑にする，というアドバイスをよく聞く。確かに英語圏では，公式な場でのスピーチ以外は，話し手が皆を笑わせることを楽しむ。けれども，日本人が外国語でスピーチをする場合，全く自然に英語でジョークを言える人は別として，わざわざジョークを用意して述べる必要はない。人前で冗談を言うことに慣れていない日本人がやると，かえってぎごちなくなって，お互いに気まずい思いをすることがある。言い慣れていないジョークよりも，自分の経験談（例えば，視察先の地方のレストランで出されたステーキは日本で食べるステーキの 3 食分の量があって，2 食分までがんばったけれど，1 食分は残してしまって残念だった，など）や，言葉の違いによる失敗談などのほうが自然で，ほほえましく受け入れられるだろう。

(5) 慣用語句（idioms）について

　慣用語句の使用については，ジョークの場合と同様に注意が必要である。慣用語句（イディオム）とは，辞書にも定義されているとおり，「ある言語特有の表現」である。英語の慣用語句を日本語で解説した本や辞典などもあるが，イディオムを使いこなすことはたいへん困難であり，本で覚えたからと言ってすぐに使えるものではない。ネイティブが慣用としている語句だから，うまく使えば自然な英語になるに決まっているが，使える状況と語感が一致していないと，微妙なずれが生じて，かえって不自然になる。イディオムは自分の英語力がネイティブのレベルに近づくと自然に口をついて出てくるものである。英語力がそのレベルに達していない人が学習で習得したイディオムを使うと，たとえ慣用語句の選択は正しくても，前後の英語との釣り合いが取れずにちぐはぐな感じを与えてしまう。慣用語句は，聞いてわかるための勉強から始めて，ネイティブと同じ感覚で使えるほどの英語運用能力を身につけることを目指してください。

(6) 相手側の文化・価値観についての理解

　相手側の文化や価値観を十分理解して，相手に対して失礼にならないように気をつけることは言うまでもない。特に，東南アジア諸国や中東諸国とのビジネス関係がますます活発になっている現状では，日本語が持つイメージとは違うイメージを伴う語句や，日本にはなじみのない宗教上の禁句や，習慣の違い，ジェスチャーの意味，名前の呼び方や敬称など，気をつけなければならないことが多くある（第3章「呼びかけ」も参照）。

(7) 日本文から翻訳したスピーチについて

　スピーチをまず日本語で書いて，それを英文に翻訳することの利点は次のとおり。
- スピーチ全体の構造と流れを確認しやすい
- 英語だけで考えているときは思いつかなかった語彙や表現が使える，つまり，語句の使用範囲が広がる

逆に，その弊害は，
- 相手に話しかけるという会話体の調子が薄れる
- 日本語の発想や表現法にとらわれて，日本語的色彩が濃い英語になりやすい

このように，どちらがいいという結論は出せないが，たとえ話し言葉でも英語を上達させるためには，自分で英語を書く練習は欠かせない。書き言葉の上達は，直接話し言葉の上達につながるからである。そして，日英翻訳は，英語を書くことを上達させることに大きな効果がある。自由に書きたいことだけを書く場合は（自由作文，日記，個人的な手紙など），自分が使える語句と構文しか使わないが，翻訳では自分で選択できないので，普段の自分の限られた言語範囲を乗り越えなければならない。そのうえ，スピーチ例Bのステップ2で見たように，日英両語を比較対照することにより，英語の間違いの原因がはっきりつかめるようになる。ですから，自由に書くことと平行して，後で照らし合わせて検討できる模範の訳があるものを使って，おおいに日英翻訳もしてください。

(8) **辞書や参考書について**

　(2)「スピーチを準備する手順」の(5)で指摘したように，スピーチを修正する際には，和英辞典，英英辞典，シソーラス，類語辞典，参考書など，いろいろなものが役に立つ。つなぎ語の適切な使用は，文章術の秘訣と言われるほど大切で，つなぎ語専用の辞書もある。大切なことは，英英辞典を使うことである。和英辞典だけに頼ると，理解と感性の半分は日本語に支配されるので，どうしても日本語と英語の意味のずれや感覚のずれが生じる。英英辞典を使えば，日本語を介することなく，英語で英語の言葉の本当の意味や使い方を理解できる。特に，外国人の英語学習者のために書かれた英英辞典は説明がわかりやすく，日本人にとっても役に立つ。

【演習問題5】
ビジネススピーチを英語で準備することに役立つ数多くの辞書や参考書などのなかから，8冊を厳選しなさい。手順はまず，グループで選別する方法を話し合い，グループのメンバーがそれぞれ担当する辞書や参考書を決めます。そして，各自が担当したものについて，そのよい点，目的に適合しない点などを指摘，発表し，その報告に基づいて，8冊のリストに入れるかどうかをグループで検討しなさい。

【演習問題6】

2「英語でビジネススピーチを準備する要点」を参考にして，自分で，ペアで，あるいはグループで，各スピーチ例（A，B，C，D）についての評価をしなさい。その評価についてグループで話し合いましょう。そして，皆の評価を書き留めて，次の3の講評と照らし合わせなさい。

3．スピーチ例の講評

《スピーチ例A》（Aさんは日英通訳を学習中。TOEIC 940。英語圏在住3年）

　このスピーチは，スピーチをする状況と目的をよく把握し，内容の展開が上手に構成されたいいスピーチです。聞き手の土地がすばらしいという称賛で始まり，それを東京の事情と対照することにより，スピーチが始まってからすぐに聞き手との間に連帯感がつくられるでしょう。海外の訪問先の何かいい点について事前に調べて，スピーチの早めの段階でこれを一言入れるのはとても効果的です。

　スピーチの後半，オーストラリアの市場を知りたい，そのため多くの人たちと話したい，という2つの目的を述べる部分は，簡潔さに欠けます。それは，関係代名詞などを使った長文のためにすっきりしていないことと，同じ語句を繰り返しているためまわりくどく感じること，などが原因だと思います。この部分は，手順（6）の段階で整理するとよくなります。日本人の話法は，同じことを別な表現で繰り返す傾向がありますので，英語では，「一度言ったら繰り返さない」という習慣を念頭においてください。

　表現も会話で使う自然で平易なもので聞きやすいのですが，変化をつけることを心がけるとさらによくなります。その際は，長文にならないように気をつけてください。単数と複数の使い方にも注意を払って学習を続けてください。たいへん親しみやすく，生き生きとした，パーティーの場にふさわしいスピーチです。

《スピーチ例B》（Bさんは日英通訳を学習中。IELTS 6.5。英語圏在住1年半）

　このスピーチは，構成，内容，語句などをよく考えて書いた，全体に整然とまとまったスピーチです。英語の文法的，語句的レベルもたいへんしっかりしています。けれども，基本的に大切なスピーチの状況と目的（手順（1））をしっかりと把握しないで，文構造や語句など，言語面への注意が中心になってしまい，手順（5）から書き始めた感じがします。そし

て，聞き手との交流をはかること，視察最終日のなごやかな雰囲気をつくることの工夫がされていず，自分たちの訪問の目的や必要性を述べた報告書のようになってしまいました。"Since the establishment of our company"から"this visit was carried out"までの1パラグラフに相当する部分は，視察にやって来たときに述べる内容で，視察の最終日でしたら，聞き手ともすでに親しくなっているでしょうし，視察中の新しい発見，経験，感動したこと，失敗談など，聞き手と連帯感を築く材料はたくさんあるはずです。スピーチを始めてすぐに「この視察が有意義なものであった」と言ったのはよかったのですが，さらに「視察団はとても楽しんだ」という一言を付け加えて欲しかったです。

　また，「視察を終えるにあたって一言ごあいさつ申し上げます」（日本語原文）という日本語のあいさつの習慣に従った出だしをはじめ，全体に日本語のあいさつの観念や表現法にとらわれたと思われる英語文が見受けられるのは，日本文を英訳した弊害かもしれません。日本のあいさつの習慣や特徴的表現法を使ったスピーチを異文化の人たちに述べることがもたらす結果について，クラスメートと話し合ってください。Bさんの英語運用能力はかなり高いレベルに達していると思われますので，この次には手順(1)をよく見きわめて英語で書いたメモから英文にしたスピーチを書いてみてください。きっと親しみが感じられる，明快なスピーチができると思います。

《スピーチ例C》（Cさんは仕事で英語のスピーチをすることがある。TOEIC 875。英語圏在住半年）

　このスピーチはいかにも2週間の研修をとおして親しくなった参加者に話しかけている，生き生きとした感じがよく出ています。それは，わかりやすい日常的な言葉を使って，会話体で2人称で語りかけていることに加え，What then is he spirit as a journalist? のように問いかける文構造や，That is your homework! のように聞き手に考えさせる表現，「報道倫理はsimpleだけど，行うのはnot easy」というような対照させる語彙を使ったりして聞き手を引きつける工夫があるからでしょう。

　けれども，「職業倫理を意識した真摯なジャーナリストになってほしい」という中心的なメッセージが十分伝わるかに疑問があります。その理由として次の2つのことが考えられます。

(1) このような観念的・抽象的内容を限られたスペース内で表現することは，母国語でさえ容易でない。ステップ 2 の添削の (7) で，英語ネイティブが頭の中を整理しながらでないとよく理解できないと述べましたが，C さんはここで自分が言いたいことは日本語で「ジャーナリストとして何をすべきか悩むことが避けられない」であると付け足しましたが，日本語でもはっきりしません。

(2) 英語は，言いたいことを正確に伝えるために明確な言い方をするという特徴がありますが，それに比べると日本語ははっきりと言わずに聞き手の判断にゆだねる傾向があり，そのために表現が暗示的になりやすい。すると，話し手が言っている意味が聞き手の理解とは必ずしも一致しないという結果も起きてきます。C さんは，英語力はかなり高いのに，この日本的な表現習慣から抜けきれていないところがあるように思えます。

このスピーチをもっとわかりやすくするためには，"it's not easy when you face a threat or temptation" と言っているのですから，どんな threat, どんな temptation があるのか具体例を挙げて，「こういう状況ではあなたはどう対処しますか」と質問形式で問うのがいい方法でしょう。今のままですと，話のポイントがわかるようなわからないような暗示に包まれていて，研修が終わった開放感と買い物に行きたいとはやる気持ちでいっぱいの聞き手の関心を引かないかもしれません。

スピーチの最後の文ですが，観念論から突然「今後もお互いに連絡し合いましょう」と終わるのは適切とは言えません。

このスピーチの聞き手はアジア諸国からの人たちです。ということは，英語が母国語でない人たちに向かって英語でスピーチをすることについて考慮したでしょうか。もし，その人たちの英語力が英語ネイティブと同等でなかったら，観念的・抽象的，かつ暗示的なこのスピーチは理解しにくいと思います。その場合は，2 週間いっしょに過ごした研修中に皆で笑った失敗談とかエピソードなど，共通の話題をいくつか挙げて，「これからも連絡を絶やさないようにしましょう」と終わらせるのも 1 つの方法です。

《スピーチ例 D》(D さんは日英通訳を学習中。IELTS 7。英語圏在住 2 年半)
　このスピーチは，2. の (2)「スピーチを準備する手順」を読んでから

書いたと思われるほど必要事項をよくカバーしています。手順（1）の，誰に，どこで，どういう目的でスピーチをするかという基本から離れることなく，スピーチの展開がされています。視察団の訪問を心待ちにしていた気持ち，遠いところから来たことへの思いやりの気持ち，工場長が一行に向かって無理をしない自分の言葉で自然に話している感じもよく出ていて，親しみを感じさせるスピーチです。

　内容，展開，英語とも全て申し分ないのですが，あえて批判的な目でみると，整然としていることがいささか堅苦しさを感じさせます。3番目のパラグラフで米製品がいかにヘルシーかを述べるときに，「だから日本人は世界一長寿なのだ」くらいの冗談めかしたことを言ってもいいかもしれません。それはともかく，全体的に自分の立場でばかり話さずに，ネイティブによるスピーチのサンプルのように，あるいはスピーチ例Cのように相手の立場で話すことを心がけると堅苦しさが取り除けます。

　最後のパラグラフは（I hopeからlisteningまでの部分），このような状況で誰でも言いそうなしめくくり方で新鮮さに欠けます。前2つのパラグラフで工場関係については十分ふれていますし，同業者の人たちは生産・機械のことは午後のツアーでわかるので，早くランチにありつきたいと考えているかもしれません。そこで，しめくくりは仕事関係からすっかり離れたこと（土地のお米の生産，名物，天候についてなど）に話題を転じ，気分を一変させてランチに案内すると，長旅のあとにもかかわらず明るい気分になれるでしょう。事実，この種の企業視察では団体は事前に訪問企業の内容についての情報を渡されていることが多いので，あいさつのときに内容が重複しないように気をつけなければなりません。

　Dさんのスピーチには英語の間違いもほとんどなく，しっかりした英語力を持っていると見受けます。次は，観念的・抽象的なトピックを限られた時間内で効果的に述べることにチャレンジすることをお勧めします。そして，相手の立場で語りかけることを忘れないようにしましょう。

4．プレゼンテーションのしかた
(1) スピーチの方法

　話す内容の準備ができたら，次は実際にスピーチをする練習に移る。準備したスピーチをするには，①原稿を読む，②原稿を暗記して話す，③要点だけを書いたものを使って話す，という3つの方法がある。くつろいだ雰囲気の中で，聞き手と連帯感を築くことを楽しむことが目的の本書が

扱っているスピーチの場面では，原稿を広げて読み上げることは，聴衆に向かって話しかけているという感じが壊れてしまう。簡単なあいさつであるから，②の暗記をすることはそれほどたいへんなことではないが，暗記したものは一度つまずくと頭の中が白紙になってしまって，先が出てこないということも起こる。

　スピーチをするには，③の方法が一番自然で安全である。本書では③のやり方に沿って演習する。そのやり方も2つある。1つは，センテンスごとの要点を小さなカードに書いて，言い終わるとカードの束の後ろにまわしていくやり方である。スピーチに不慣れな人は，慣れるまでこの方法でやると安心だ。もう1つの方法は，要点を展開する順番にカードか紙に書いて，それに沿ってすでに何度も声に出して読んで，慣れた原稿文に基づいて話す。この方法では，話しかける口調で話せて，原稿文にないことを自然に挿入することもできて自然な話し方に近づき，聞くほうもリラックスして聞くことができる。次に挑戦する段階は，整理されたメモだけを使って，原稿を準備しないで直接スピーチをしてみることである。

　スピーチをするときの音声面の留意点は，第1章「式辞あいさつとビジネススピーチの基本」の3.「スピーチ通訳の音声面と非言語面」で，5つの項目に分けて述べたので，まずその部分を読んでください。明瞭で聞いてよくわかる英語でスピーチをするために注意しなければならないことは，通訳をするときの注意と変わりない。

　自分のスピーチ以外の英語で書かれたもの（報告書，新聞・雑誌の記事，引用文など）を読むときは，スピーチの練習と同様，発音，イントネーション，ポーズなどに細心の注意を払う。書かれたものをただ読むのは，読み手が英語ネイティブでも理解しにくいものである。非母語者の日本人が読むと単調になって（本人はちゃんと読んでいるつもりでも），さらに聞きにくくなるものなので，パソコン画面をスクリーンに映して，それを読むようにする。あるいは，その部分だけ英語ネイティブに頼んで読んでもらうのもよい。

【演習問題7】

スピーチ例（A，B，C，D）の各ステップ3とステップ4のスピーチの読み上げ練習をしなさい。ポーズをおく個所，強調すべき個所，スピード

を落とす個所に印を入れるなど，自分で工夫して，発音，アクセント，イントネーションに注意を払って，聴衆が聞きやすいように，はっきりした大きな声で，話しかけるように読みなさい。

(2) スピーチをするときの態度について

　音声面に十分配慮して，何度も声に出して練習したとしても，会場の人たちの耳にわかりやすく，快く伝わることだけがスピーチを成功させる要因ではない。姿勢，アイコンタクト，ジェスチャーなど，視覚に訴える動作も大切な要因である。ここでは，あいさつを目的とするスピーチに限定して，気をつけたい点を述べることにする。動作についての留意点は，本書の第1章「式辞あいさつとビジネススピーチの基本」の 3.「スピーチ通訳の音声面と非言語面」の「非言語も含めたパフォーマンス」で述べたが，スピーチをする人と通訳者とでは，共通な点もあるが，違う点もある。

　まず姿勢は，まっすぐ立って，聴衆全員をにこやかに見まわしてからスピーチを始める。そして，メモをしたカードや紙を見るために下ばかり向かないで，できるだけ顔を上げることが大切である。スピーチを暗記していれば，下を向くことは避けられる。演台がなければ，演台と同じ高さにカードを持つ。アイコンタクトは聞く人との連帯感をつくるうえで，たいへん重要な要素である。

【演習問題 8】
スピーチ例（A，B，C，D）の各ステップ 3 の添削後のスピーチのメモ用のカードを作りなさい。そして，そのカードを使ってスピーチをする練習をしてから，クラスメートの前でスピーチをしなさい。メモの上手な使い方と，メモから目を離してスピーチをすることをこの演習の目的とします。

【演習問題 9】
スピーチ例（A，B，C，D）の各ステップ 4 の英語ネイティブが書いたスピーチを，簡単な要点だけをメモにしたものを使って，4.「プレゼンテーションのしかた」の音声面と非言語面について十分注意して練習した後，クラスメートの前でスピーチをしなさい。

聞く人は，4．で述べられたプレゼンテーションのしかたに照らし合わせて，音声面と態度についての評価をしなさい。

スピーチは録音しておき，クラスメートからの評価を参考にして，自分のスピーチを聞いてみなさい。

第7章　逐次通訳のためのノートテイキング
——Chapter 7. Note-taking for Consecutive Interpretation

> この章の目的
> ①逐次通訳のためのノートテイキングの必要性を知る。
> ②ノートテイキングの原則と効果的な方法を学ぶ。
> ③原則に沿って，式辞あいさつのノートテイキングを練習する。

1．ノートテイキングの必要性

　ごく簡単な発言は別として，逐次通訳では原発言の内容を忘れないようにノートをとる。しかし，ノートをとっていると「とること」に意識が集中し，内容の理解がおろそかになって，ノートはたくさんとったのに結局訳せないということが起きる。初心者によくある例だ。では，ノートをとらずに聞くことだけに集中していればちゃんと通訳できるのか？　パーティーや訪問などでの簡単な会話的な内容の通訳だったら，確かにノートなどとらなくても通訳できてしまう。

　しかし，次のような文だったらどうだろう。The number of Japanese tourists who visited our country last year was roughly 250,000. I hope more Japanese people will visit us, because direct, personal contact fosters understanding and opens path to friendship and goodwill. ここでは発言の区切りまで文が2つあり，客観性や抽象性が日常会話以上に高く，数字も出てくる。これをノートをとらずに正確に訳そうとすると，記憶にかなりの負担がかかる。実際に通訳の現場で求められるのは，「おしゃべり」の訳ではなく，情報がたくさん入っている話や，理解力，分析力が要求される概念・思想などの抽象論の通訳である場合が多い。そのような内容の通訳では記憶だけでは正確な訳ができないので，ノートは記憶を助けるために必要不可欠な手段なのだ。例えば上の文を通訳するためのノートをと

ると，次のようになる。

   日本人観光客の数

    （去年訪れた）は，

     約25万。

  私は希望する

   もっと多くの日本人が

   来ることを。

  なぜなら

  直接的　かつ　個人的　接触は，

   育てる

    理解を。

  そして　開く

    道を

    友好　と　親善　への。

　上記の左側は実際にとったノート，右はノートをとりながら頭の中にたたきこんでいった情報単位ごとの理解である。これをわかりやすい日本語に置き換えて通訳すると，例えば，次のようになる。「去年我が国を訪れた日本人観光客の数は，約25万人でした。私としてはもっと多くの日本の方に来ていただきたいと思います。と申しますのも，直接，個人的に触れ合うことこそ理解を育て，友好と親善への道を開くと思うからです。」また，区切りごとに_____や，大きく／を入れるのも効果的である。

2. 効果的なノートテイキング法
(1) ノートは縦にとる

　通訳のためのノートテイキングはディクテーションとは違って，単語をつらつらと横へ横へととっていくものではない。上の例に見られるように，情報単位ごとに紙の左上から右下に向けて縦にとっていく。その方が訳すときに視覚的に情報を起こしやすい。例えば，上記のノートを縦ではなく，横にとっていくと次のようになるが，これでは視覚的にとてもわかりにくいだろう。

$$J T人 \ell y \pm 250^{v}/ \ \odot \ >J \ vis \ \therefore \ air + ハーツ \ x \ foster \ U + open \ \xi \ 友_p + GW/$$

紙の中央に線をひいて，両側を使ってもいい。3段にして使う人もいる。

(2) はっきりした字でとる

　ノートは一目見て読み取れるように，大き目の字で太字のボールペンを使ってしっかりとる。細いペンを使って小さい字でとったノートは読むのに苦労する。

(3) 紙のサイズ

　大きめの字でスペースをゆったりと縦にノートをとるためには，A4かB5の大きい紙が必要。なかには1，2分，時には5分くらい切れ目なく話し続ける話し手もいるので，小さなメモ帳だとすぐに足りなくなってしまうし，頻繁にページをめくらなければならない。パーティーなどでお客についてまわり会話の通訳をするときは，話がそれほど複雑にならないだろうから，一言，二言ぐらいノートできる小さなメモ帳が適している。

(4) どちらの言語でノートをとるか

　例えば話し手が英語で話すことを日本語に訳す場合，source language（SL/起点言語）の英語でノートをとるか，あるいは訳しかえる target language（TL/目標言語）の日本語でとるかの問題である。TLでとると，一度頭の中で処理した情報は忘れにくいという利点がある。けれども，とっさに訳語を思いつかない場合や，文脈によって適切な訳語が違ってくる場合は，SLでノートをとっておく。このため，通訳者のノートは普通TLとSLが混在している。初心者にとっては，聞く，理解する，訳す，

ノートにとる，という作業を同時にすることは簡単ではないので，ノートの SL の割合は多くなるだろう。しかし，TL に変換せずに SL でとったノートは，話が少し長くなると文脈が曖昧になってくることから，SL 中心のノートテイキングには限界があり，いずれは TL 中心に移っていくことを指摘しておきたい。初期の段階では，自動的に速くとれるほうでとり，TL でとることも心がけて練習していけばよいだろう。

(5) 効率のよいノートのとりかた

自動的に速くノートをとるために，記号，略語，図式，漢字，簡略した書き方などを用いる。次に示すものは一般に使われるものの一部である。話のトピックに関係なく普遍的に使えるものは，日英両語に共通して使えるようにしておくといい。

［記号・図式］
= (same, equal／同じ)
≒ (similar／同じような，似ている)
≠ (not same, different／同じでない，違う)
+ (and, also／そして)
∵ (because, for the reason／なぜなら，〜の理由で，〜のために)
△ (∴ の変形。therefore, consequently／故に，だから，そのため)
→ (to become, to lead to, etc.／〜になる)
↑ (to rise, to increase／上昇する，増える)
↓ (to fall, to decrease／下がる，減る)
＞ (more than, greater／より多くの)
＜ (less than, fewer／より少ない)
○ (good, fine／よい，すばらしい)
× (否定に使う)
⊗ (not good, bad／よくない，悪い)
± (about, approximately／約，だいたい，およそ)
θ (to thank, appreciate, gratitude／ありがとう，感謝，お礼；th の発音記号を借用)

［略語・略号］
eg (for example／例えば)
ie (that is, that is to say／すなわち，つまり)

re (regarding／〜について)
J （Japan, Japanese／日本，日本の）
US, am (USA／アメリカ，米国)
A （Australia／オーストラリア）

［数字］
✓数字とともに用い「1000」を表す。例：2✓＝2,000．250✓＝250,000．25万はまた25°とも書く。

◆漢字はたいへん便利

　画数の多い漢字は避けなければならないが，漢字そのものが視覚的でしかも1語だけで十分（例えば，「直接」は直だけ書く），あるいは漢字の一部だけで意味がわかるものもあるので，漢字の使用はノートテイキングに効率的である。また，例えば，人という漢字を英語で person, people としても使える（例：US人，あるいは am 人はアメリカ人）

［英語，漢字，ひらがな，かたかななどの一部］
口　（nation, country／国）
タ　（many, a lot of／多くの）
U　（to understand, understanding／わかる，理解）
ひん　（頻繁に）
Sp, スピ （speech，スピーチ）

［絵文字］
○　（world, global／世界，グローバル）
♡　（to like, to love／好き，愛する）
✗　（to come in contact／コンタクト，ふれあい，接触）

　記号であれ略語であれ，いかにすばらしいものを作り上げても，考えることなく自動的に使いこなせなければ意味がない。"In the world of interdependence ..." と聞いて，world のノートのとり方を一瞬でも考えなければならないようでは，記号や図式の使用はかえって邪魔になる。自分で利用しようと決めたものは，繰り返し練習して自然に使えるようにしておかなければならない。通訳のためのノートは自分が気に入らなければ使いにくいので，上記のノート例に必ずしも従うことなく，自分のノートを考

案してもいいし，クラスメートと教え合っても楽しい。けれども，上記のノート例の多くは通訳者たちにより実験済みで，その効率のよさが認められていると考えられるものであるから，わざわざ新しいものを作らずに利用するのが得策であろう。

(6) 何をノートするか
・ディクテーションのように言葉を全て書くのではなく，話の流れを追って，要点つまりキーワードをノートする。
・速記ではない。速記は音を書くのであって，意味を書くのでないから，速記のようにとると通訳するにはかえって苦労する。
・主語，動詞，目的語，補語，接続詞（therefore, but, although, if, while, since, in addition to, contrary to, in spite of など）には，理論構成，話の流れ，ものごとの関係を示す重要な役割があるので漏らさずにノートをとる。
・前置詞はわざわざとらないが，話の流れを規定する重要な手がかりなので，しっかりと頭に入れておく。
・形容詞，副詞は上の主語，動詞などと比べると重要ではないが，記憶にとどめておく。
・数字や固有名詞はそのままとる。通訳をしていると簡単な数字でも間違えやすい。

(7) どれだけノートをとるか
　ノートの分量は通訳者自身の記憶力（リテンション）や経験でかなり差があるし，話し手の話し方，スピード，理論展開によっても異なる。しかし，ノートは一切とらないで，すべてを記憶力に頼るという通訳者はおそらくいないし，すべてノートにとって全面的にノートに頼るという人もいない。大半の人はノートと記憶力を組み合わせて通訳している。したがって，記憶力の向上をはかるのも通訳訓練の重要な一部であり，初級の通訳訓練の場ではノートをとらずに記憶だけで訳す練習も行われている。本書でも第4章と第5章で同じ訓練法を採り入れているが，その他に，100語程度の長さのものを聞いて，まず同じ言語でそれを要約し（同じ言葉を使う必要はない），次に別な言語で要約する練習は，記憶力を伸ばすためのよい練習になる。

【演習問題 1】
1．「ノートテイキングの必要性」に示したノートのサンプルを，上記 2．の (1) から (7) で述べたことを参照して，どのようなノートがとられているかについて分析，検討しなさい。

3．ノートテイキングの大原則

　ノートをとって通訳の練習を始めると，初心者の大半が「ノートをとれば聞けなくなり，聞けなければとれなくなる」，あるいは「聞いた言葉はできるだけたくさんとったのに，それを見て通訳ができない」というジレンマにぶつかる。どちらの場合も話の内容を理解しないで，聞こえてきた言葉を手当たりしだいに書き取っているだけにすぎないことがその原因であろう。書き取っただけでは理解したことにはならない。理解したからそれを書き留めておくというのが，通訳のためのノートテイキングの大原則なのだ。したがって，ノートテイキングの第 1 の原則は，分析と理解のプロセスを経ていないノートは役に立たないということだ。聞く→考える（分析する）→わかった→ノートをとる，というのが道筋である。

　ここから，聞く力や理解する力が十分ないところでノートテイキングしようとするのは意味がないという第 2 の原則が導き出される。聞く力とは，単なる音声識別の力ではなく，単語や文法の力，内容の理解とも密接に関係する総合的な語学力を意味する。

　第 3 の原則は，ノートテイキングするためには，文章を聞こえてきた順に，文頭から意味をくみ取って理解していかなかればならないということだ。話が始まると，聞こえてくる句や節をひとつひとつしっかりと聞き，前の句や節との理論的つながりを考えながら，意味ある情報単位として取り組んでいく。それを忘れないようにノートする。文頭から意味をくみ取っていくということは，文末に行き着くまで意味は曖昧で暫定的なものであり，いろいろな解釈の可能性を引きずりながら進むので，通訳者は理解構造の容量が大きいことが大切になる。

　私たちは講演や講義を「聞く」ときに，実際には高い集中力をもって聞いているとは限らず，多くの部分を漫然と聞いていて，一部自分が興味を持っている部分はしっかり聞く，という聞き方をしている。その結果，話の内容を後で人に伝えようとすると，自分が聞いていたこと，理解したことしか伝えられない。その反面，通訳者は非常な集中力をもって 100 パ

ーセント聞いて理解しなければ通訳はできない。

　通訳の訓練では，聞く，理解する，そして後で理解を再生できるようノートをとる，という3つの作業を同時に行う練習を繰り返すことで，非常な集中力や理解力，情報処理能力を身につけていく。「私はノートテイキングがへただから」ということを，通訳がよくできなかった理由にしているのを聞くことがあるが，ひょっとしたら起点言語の話が理解できなかったという，実に単純明快な原因がそこにあったかもしれない。通訳での理解の大切さについては，第8章でさらに検討されている。

4．あいさつの通訳のノートテイキング練習

　あいさつ表現には一定の型があり，しかも同じ表現がいろいろな場面でも使われるので，各種の典型的なあいさつ表現のノートテイキングを練習しておけば，いろいろなスピーチに応用できるという利点がある。また，あいさつ文の通訳は，字句どおりに訳さなくてもいいのだから，あいさつの中のキーワードと固有名詞や数字だけをきちんとノートして，一定の型どおりに通訳すれば事足りる。したがって，ノートテイキングの量も少しで済む。

　スピーチの最初の部分のあいさつがしっかり落ち着いて通訳できると，それが自信につながってその後の部分のパフォーマンスにもいい影響を与える。また，あいさつの部分は事前に準備・練習することにより，あいさつの部分を通訳する負担を軽くし，その分浮いたエネルギーを他の部分の通訳にまわすことができる。

◆あいさつに頻出する表現のノートテイキング

　前出の一般用のノート例に加えて，頻出するあいさつ表現を著者だったらこう書くというノートを作ってみた。1つのノートが対応する同義語の表現の範囲は広くとられている。例えば，「歓迎」という概念にはwelcomeのWと書くと決めたとしたら，Wと書いた部分の通訳は，日本語だったら「心から歓迎申し上げます」「ようこそおいでくださいました」「歓迎のごあいさつを申し上げます」などの句になり，英語だったら"I would like to welcome you"，"We would like to extend our warm welcome to you"，"It is a pleasure to welcome you"などになる。

　　ω　　to welcome, welcoming／歓迎，ようこそ

記号	意味
☺	to be pleased, delighted, happy／うれしい，喜ばしい，感激
光	to be honoured, privileged／光栄，名誉
☺	to wish, hope, ask／希望する，期待する，お願いする，祈る
cong	to congratulate, commend, admire／称賛する，称える，感銘する
出	to attend, to be present／ご出席，お集まり，ご列席，ご臨席
vis	to visit, visiting／訪問，訪れる，伺う
代	on behalf of／～を代表いたしまして，～一同
opp	to take this opportunity, to give us the opportunity／機会，契機
∽	relationship, relations／関係，関連，提携
∝	links, bonds, ties／リンク，結びつき，絆
∽	exchange, interaction／交流，交換
友y	friendly／友好　友p　friendship／友好，フレンドシップ
不	support, assistance, cooperation／ご支援，ご助力，ご協力
→・	for the future, in the years ahead／今後の，将来
∧	success, achievement／ご成功，ご発展，ご活躍
ど力	to make an effort, endeavour, work hard／努力する，努力を重ねる
∽	to continue, continued／続けて，今後とも，ますますの，末長い

【演習問題2】
上のノート例をクラスメートと一緒に検討して，使いたいと思うものは採用し，他にもっといいと思われるアイデアがあったらそちらを採用してください。そして，上の表現をクラスメートと読み合ってノートテイキングの練習をしなさい。

【演習問題3】
付録Ⅰ「グループ別語句リスト」を使って，上のノート以外の頻出度の高い記号を作っておくと便利だと思われる表現をリストしてみなさい。ノートテイキングではたくさんの記号を考えて練習しておいても，実際にはなかなか思うようにはいかず，限られた数しか使えません。ですから，いくつかの記号をマスターしたら，次のいくつかの表現を練習して使えるようにする，というふうに徐々に練習するといいでしょう。

【演習問題4】
第4章の例文を読んで，自分だったらこうとると考えるノートを紙に書いてみなさい。できるだけ簡潔なノートをとることを心がけてください。

【演習問題5】
第4章の例文をCD（✿5）で聞き，演習問題4で予習したノートをとりなさい。そして，ノートを使って同じ言葉で繰り返して言ってみなさい（通訳するのではありません）。

【演習問題6】
第4章の例文をもう一度CDで聞いてノートをとってください。今度は，そのノートを使って通訳しなさい。

【演習問題7】
第5章の例文をクラスの1人が読んで，2人の生徒と教師の3人がそれぞれ黒板でノートをとり，それを使って通訳しなさい。そして，その3つのノートを比較，検討し，よく通訳できなかった原因などを考えてみましょう。

【演習問題8】
第1章のスピーチをCD（✿1, 2, 3, 4）で聞いて，ノートテイキングをしなさい。次に，今度は同じスピーチをクラスのだれかが読んで，もう一度ノートテイキングしてクラスの前で通訳しなさい。通訳するときに，ノートばかりを見ていないで，時々顔を上げてアイコンタクトをとることを忘れないでください。
第1章のスピーチは全文ではなく抜粋したものですから，一度に全部訳せるかもしれません。難しかったら，どこかに一度区切りを入れて通訳しても構いません。クラスでしたら教師が判断してくれるでしょう。
　　注）第1章のスピーチのうち例1と例3の日本語から英語に通訳するスピーチは，その全文が第10章に掲載され，CDにも収録されていますので，練習に活用してください。

【演習問題9】
本章最終ページに2つのあいさつがあります。この2つのあいさつを実

際に通訳すると仮定してやってみましょう。スピーチを読む人以外は，事前にこのページ（p.112）を見ないようにしてください。
(1) このスピーチの原稿は通訳者に渡されません。下の「あいさつの概要」を読み，自分でどんな内容か，どんなあいさつ表現が使われるかを想像して，それに沿って準備しなさい。
(2) スピーチはクラスの誰かに読んでもらい，ノートをとって通訳しなさい（ノートを置く台が必要です）。通訳をするときにアイコンタクトをとって，大勢の人の前で皆に聞こえるはっきりとした声で，通訳者にふさわしい態度で通訳しなさい。
(3) この種の短いあいさつは，ふつう区切りなしで通訳されるので，皆さんも区切りなしでやってみてください。

［あいさつ1の概要］（英語）
札幌市で開催される第10回 Pacific Tourism Forum の開会のあいさつ。呼びかけはありますが，人名はありません。大きな会議用の会場で参加者は300人くらい。

［あいさつ2の概要］（日本語）
オクラホマ市と姉妹都市提携をしている京都市の間では交流活動がさかんです。京都の国際交流団体の代表者が，オクラホマ市が開いた歓迎会の席であいさつします。オクラホマ市からの出席者は，Adams 市長および市民の40名くらい。

　　注）以上2つのスピーチはCDに収録されている（✿ *8, 9*）。

《あいさつ 1》（✿ 8）

The Governor of Hokkaido Prefecture
The Mayor of the City of Sapporo
Distinguished guests,
Ladies and Gentlemen,

 A very good morning, and a very warm welcome to all of you. It is a great pleasure to have you all to the Pacific Tourism Forum. This year's meeting marks the 10th year since its inauguration in 1993. It is particularly a memorable event that the Forum in a commemorative year is being held in this beautiful city of Sapporo.

 On behalf of the fellow members, I would like to extend our sincere appreciation to the people of Sapporo who have assisted the Organizing Committee to host the Forum.

 Ladies and Gentlemen, it is my great pleasure to open the 10th Pacific Tourism Forum wishing yet another great success.

 Thank you.

《あいさつ 2》（✿ 9）

 お集まりの皆様，本日私どもはこの伝統あるオクラホマ市を訪問し，アダムズ市長をはじめ，市民の皆様にお会いすることができ，たいへん光栄に存じます。

 ご案内のとおり，オクラホマ市と京都市は1985年に国際交流の新しい幕開けとして姉妹提携を結びました。以来，今日まで経済，文化，スポーツ等，あらゆる分野において活発な交流を行ってまいりました。この間に育まれた友情をより深めてまいりますことは，私どもに課せられた大きな使命であり，今後ともいっそうの努力をしてまいる所存であります。

 おわりにあたり，本日のご歓迎を心から感謝申し上げますとともに，皆様方のご健勝とオクラホマ市の限りないご繁栄を祈念いたしまして，私のごあいさつといたします。

◆コラム⑥◆

　　　　カニバリとほうれんそう―――――――鶴田知佳子

　社内会議の通訳では時々その会社独特の用語や，どうやって略したらこうなったの?と思えるような略語が飛び交うものですが，このカニバリとほうれんそうには参りました。いずれも日英通訳のときの話です。
　まず，カニバリ。これはある社内会議の通訳で市場シェアの話をしているときに飛び出しました。新製品を投入すると，既存商品との間でカニバリが起きるという話。そこは通訳業のありがたいことですが，どこかで習った断片的知識がひょんなことで役立つという仕事なのです。これはたまたまマーケティングの授業で出てきた言葉 cannibalization の略ではないかと，そのときぴんときたので救われました。そうでなかったら通訳者が立ち往生してしまうところだったでしょう。カニバリゼーション，共食いともいいますが，要するに市場シェアを食い合うという意味です。これさえわかれば，もともとが英語ですから，英語に訳すのは簡単でした。
　そして，ほうれんそう。これはある地方自治体関係のセミナーで出てきました。その場で内容を説明してくれたから意味はわかりましたが，さて英語にはどう訳すか若干迷いました。地方自治体と中央とのコミュニケーションを円滑にするには，「報告」，「連絡」，「相談」が大切ということで，それぞれ最初の漢字を取ってつなげたものを「ほう・れん・そう」と読む。なるほどね。でも，これはその自治体だけの造語だろうとそのときは思ったのですが，そうではなかったのです。前述の社内通訳のとき，休み時間に社員の休憩所に置いてある図書やビデオをぼんやり眺めていたら，なんと『ホウレンソウの基本』というビデオがあるではないですか。日本経済新聞社が制作している日経 VIDEO シリーズのなかの１本で，定価２万円。ということは，これって定着しているビジネス用語だったのですね。でも，英語だと何て言ったらいいのでしょう。
　"The keys to good communication are reporting, contacting and consulting, which are, in Japanese, *hokoku*, *renraku*, *sodan*. When the first syllable of each word is combined, you get Ho-Ren-So. *Horenso* means spinach in Japanese. So, please, if I say 'Spinach' you know what it means." とでも説明しておけば，あとは Spinach で済みますから，ことは簡単。

第8章　会議・会合での通訳
——Chapter 8. Interpreting for Conferences and Meetings

> **この章の目的**
> ①会議・会合の進行手順と通訳者の関わり方を学ぶ。
> ②逐次通訳と同時通訳の違いと共通点を学ぶ。
> ③聞きながら同時に理解する訓練法を実習する（スラッシュ・リーディング）。
> ④会議でのスピーチをノートテイキングして通訳する練習をする。

1. 会議・会合の内容と手順

　一口に国際会議（international conference）または会合（meeting）と言っても，規模や内容，主催者の好みによって，大会（convention），会議（conference／congress），フォーラム（forum），学会（academic conference），講演会（lecture meeting），シンポジウム（symposium），セミナー（seminar）などいろいろな名称で呼ばれる。出席者の人数や会議の構成で，会場（venue／site／conference hall／meeting place）をどこにするかがだいたい決まる。例えば開会式（opening ceremony）や全体会議（plenary session）には千人以上が出席し，その後は大小各種の分科会（sectional meeting／thematic session）や作業部会（working group）に分かれて議論するという場合は，東京首都圏なら「東京フォーラム」や「幕張メッセ」，横浜の「パシフィコ国際会議場」がよく使われる。東京フォーラムには5千人収容可能の大ホールから100人規模のミーティングルームに至るまで，各種用途別のホールが20室以上ある。パシフィコや幕張メッセ，そして日本で一番古い「京都国際会議場」も同じような設備を有している。もちろんこれら会議場では，数か国語でのリレー同時通訳ができるようになっている。

リレー同時通訳とは，例えば話し手がアラビア語で話した場合，アラビア語－英語通訳者が直ちにそれを英語に同時通訳し，その英語を聞いて英日通訳者は直ちに日本語に，英仏通訳者はフランス語に，英露通訳者はロシア語になどと，それぞれのブースから同時に訳していく通訳様式のことである。国連の会議では，国連の公用語（英語，フランス語，ロシア語，中国語，スペイン語，アラビア語）での同時通訳が入る。日本が国連に拠出している分担金はアメリカに次いで世界で2番目だが，日本語は国連の公用語ではないので，国連の会議に日本語通訳を入れたいときは日本政府がその経費を持たなければならない。しかし経費の面で日本政府が承知しても，ブースが余っていなければ，どうにもならない。

　会議はまた主催者（organizer／sponsor／host）が誰なのかによって運営・進行が少しずつ違ってくる。政府なのか，民間なのか，あるいは学術団体なのか。いずれにせよ，たいてい実行委員会（organizing committee／steering committee）が作られて会議の内容面を詰め，その下に事務局（secretariat）が置かれて会議の事務的な面（出席者の食事，交通手段，宿泊施設など）の段取りをする。会議に付きものの宴会（official banquet）やレセプション（reception party）などが滞りなく行われるよう手配・気配りするのも事務方スタッフの仕事だ。昼食の案内や視察ツアーの誘導をするのも事務局の人で，会議が一段落したところで，「ここで事務的なお知らせがあります（We have some housekeeping announcements to make）」という前置きで案内がなされる。

　会議本体は，おおむね次のような要領で進んでいく。

開会式（opening ceremony）
本会議／全体会議（plenary session）
　基調講演／特別講演（keynote speech／special lecture）
休憩（break／recess）
一般講演（lecture／speech／talk）
質疑応答（questions and answers／QA session）
昼食（lunch break）
パネルディスカッション（panel discussion）
　冒頭発言（initial statement／lead-off statement／kickoff statement）
　討論（discussion）
　質疑応答（QA session）

休憩（break／recess）
分科会（thematic sessions／working-group sessions）
休憩（break）
分科会報告（report from different thematic sessions）
総括討議（wrap-up discussion）
閉会式（closing ceremony）

　開会式では開会宣言（calling the conference to order）や開会の辞（opening address），歓迎の辞（welcome remarks），祝辞（congratulatory address）などが述べられる。規模の小さな会議ではわざわざ開会式など設けず，本会議の一部で開会のあいさつをして済ませる場合もあるが，大きな国際会議では開会式が独立して設けられ，総理や外務大臣による開会の辞やお祝いの言葉があったり，皇室の方の「おことば」（felicitations）があったりする。

　基調講演はいわば会議の目玉で，著名な政治家や学者，作家，評論家などが会議のテーマとなっている問題を大局的に論じて，パネルディスカッションや分科会の舞台作りをし，問題提起をするものだ。例えば，『地球環境と経済人』という会議なら，まず基調講演で世界的に有名な環境・開発コンサルタントの某氏に「ビジネスと環境―新たな創造的ビジョン」などの題で語ってもらい，その後「温暖化対策と企業経営」，「エコ商品が開く新たな市場」，「廃棄物再利用技術」，「企業の社会的責任と環境経営」などの分科会を設けて，出席者には関心のある分科会に参加してもらう。そして各分科会での討論の内容を最後にまた本会議に持ち返って，お互い学び合うという段取りだ。また，パネルディスカッションでは，4～5人のパネリストが1人10分以内の発言を冒頭で行った後パネリスト同士で質問や討論をし，そのあと会場の人たちから意見や質問を受けてさらに問題の核心に迫ろうとする。分科会では座長／議長（chairman／chairperson／chairwoman），パネルディスカッションではモデレーターまたはコーディネーターが，また会議全体の進行には普通司会者（Master of Ceremony／MC）がいる。

　学術会議の場合は開会のあいさつや学術発表（presentation／presentation of academic paper）のほかに，学会運営に関する各種決定事項（agenda）や票決（vote），新しい役員の選出，次期開催地と日時の選定なども行われる。会議・会合の運営と進行については，本章後半に発言やス

ピーチ例に沿って具体的に流れが示してあるので，参照してほしい。

2．逐次通訳と同時通訳の使い分け

　通訳の方法には大きく分けて逐次通訳と同時通訳の2つがあることを第1章で述べたが（ウィスパリング通訳は同時通訳の変形），どのような場合に逐次通訳が使われ，どのような場合に同時通訳が使われるのか。重要な会議は同時通訳になると思っている人がいるとすれば，これは大きな間違いだ。政府間の重要な交渉や協議，多国籍企業間のビジネスの話し合いなどは，正確さを期するため，同時よりもむしろ逐次通訳が使われる。100パーセント集中して聞くことができて，しかも一区切り全部聞き終えてから訳す逐次通訳の方が，しゃべるほうに半分注意が取られながら聞き，しかも話の方向が見えぬままに訳し始めなければならない同時通訳より，正確さの面でははるかに優れている。また，はっきり言葉で表現されていなくても，前後の発言や言葉から真意をくみとることができるという，いわば「行間を読み取る」行為も逐次だからこそできるのであり，出てきた情報を細切れに文頭から訳していかなければならない同時通訳では不可能だ。同時通訳には「行間」などないのだから。しかし，一日中，何人もの話し手が次々と講演をしたりパネルディスカッションをしたりする長い会議では，逐次でやっていると，とても時間が足りない。そういう場合には，同時通訳が多くなる。大きく分けると，「話し合う」ことが重要で参加者もそんなに多くない会合は逐次通訳が適し，大勢の聴衆に自分の意見や話を聞いてもらう講演や会議は同時通訳が適している。

3．両者の共通項──逐次通訳の時も，文の理解は同時通訳的に

　しかし同時通訳であれ逐次通訳であれ，ひとつ大きな共通項がある。それは，聞く時の姿勢である。同時通訳は話し手が話し始めたら同時に訳していくのだから，当然話し手の話を文の頭から，同じスピードで理解し情報化していかなければならない。"I want to thank our hosts for their gracious welcome."という文が話し手の口から出てきたら，「私は感謝したい，我々の主催者に，彼らの丁重な歓迎を」というように，通訳者は聞いたことを即時に文頭から頭の中で情報化していく。もちろん実際に訳出した文は，「主催者の方々には，丁重な歓迎をいただき，感謝いたします」と，もう少しこなれた日本語になっているだろうが。

　逐次通訳のときも，聞き方は同時通訳と同じように文頭からの順送り理

解が必要である。そうでないと，文章が少し長く複雑になってくると「単語」は頭に残っても，「意味」あるいは「情報」としてまとまったものは何も残らないという不毛な事態に陥ってしまう。"It's wonderful to be here with you in Nagano." というような簡単な文の場合は，「すばらしいことだ，ここにいることは，あなた方と，長野に」などと，単語のまとまりを文頭から情報化しなくても，文全体を聞いて「ここ長野に皆方とご一緒できて，すばらしい気分です」とすらっと訳出できるかもしれない。しかし，英語という言葉は文章構造上，この後にいろいろな句や節をつけ足していける。例えば，"It's wonderful to be here with you in Nagano／for the 26th meeting／of our association／which was established in ..." と，どんどん続けられる。しかも，話し言葉は書き言葉と違って，コンマもピリオドもついていない。いつ，どこで文が終わるのかは，文頭から情報化していって自分で判断するしかない。だから最初聞き始めたときはいかに簡単な文のように思えても，文頭からの順送り理解が必要なのだ。「すばらしいことだ，ここにいることは，あなた方と，長野に，第26回会議のために，私たちの協会の。私たちの協会が設立されたのは…」というように。

　くどいようだが，これが英語リスニングの鍵なので繰り返す。どんな文でも正確に，情報を取りこぼすことなく訳せるようになるには，日頃から文を頭から同時通訳的に理解していく習性をつけておくことが肝要だ。話し手の発する単語のまとまりを，発する順に，同じ速さで連続的に「意味」として処理できて，はじめてリスニングができたことになり，逐次通訳の土台ができたことになる。同時通訳のときのように，理解しながら**同時**に訳を言っていく必要はないが，聞きながら**同時**に理解していかなければならない。このように緻密に文頭から理解する習性を身につけていない人は，ある段階までくると逐次通訳でも頭打ちになり，伸び悩むことが多い。

4．スラッシュ・リーディング——聞きながら理解するための練習

　文頭からの順送り理解を身につけるためには，スラッシュ・リーディングが効果的だ。スラッシュ・リーディングとは，意味のかたまりごとに文にスラッシュを入れ，そのスラッシュごとに文頭から情報化しながら文を読んでいくことである。サイト・トランスレーション（サイトラ）と呼ばれることもあるが，サイトラは文を同時通訳的に文頭から**訳出**していく

outputのほうに重きが置かれているのに対して，スラッシュ・リーディングは同時通訳的に文頭から**理解**していくinputの方に重きを置いている。つまり，聞き方の訓練なのだ。例えば，次の文をスラッシュ・リーディングすると，その次の「文頭からの順送り理解」が成立する。

[スラッシュ・リーディング用の例文]
　On behalf of the Hawaii delegation,／it's my pleasure／to welcome／the members of the Japan Hawaii Partnership Council／and our special guests／to this 25th meeting of the Council.／／I hope／you are enjoying／the Garden Island of Kauai.／／We still remember／the warm reception／we received last year／in Nagasaki,／and we are glad／to have the chance／to reciprocate.

[スラッシュ・リーディングによる「文頭からの順送り理解」]（カッコの中は聞いている通訳者の頭の中の動き）
　ハワイ代表団を代表して／それは私の喜びとするところだ（何が？）／歓迎することが（誰を？）／日本ハワイ・パートナーシップ協議会のメンバーの方々を（ああ，なるほど）／そして我々の特別ゲストの方々を／協議会の第25回会合に。／／私は望む（何を？）／皆さんが楽しんでおられることを（何を？）／この花園の島，カウアイ島を（なるほど）。／／私たちは今も覚えている（何を？）／温かい歓迎を／去年我々が受けた（どこで？）／長崎で／そして私たちはうれしい（何が？）／機会を持つことが（何の機会を？）／お返しをする機会を。／／

[「順送り理解」を経た逐次通訳]
　ハワイ側一行を代表して，日本ハワイ・パートナーシップ協議会の皆々さま，ならびに特別のお客様方を，協議会の第25回会合にお迎えするのは，私の喜びとするところであります。皆様方には，是非この花園の島，カウアイ島を楽しんでいただきたいと思います。私たちが去年長崎で受けました温かい歓迎を今も覚えております。今回，そのお返しをする機会を得ましたことを，うれしく思っています。

【演習問題1】

上の例文は，ハワイのカウアイ島で開催された「日本ハワイ・パートナーシップ協議会」第25回会合の開会式におけるハワイ側のあいさつの一部です。このように，逐次通訳とは，聞きながら瞬時に文頭から情報化していったものを，聞き終えてから瞬時にもっとこなれた日本語（あるいは英語）に置き換えていったものなのです。あいさつの残りの部分が次にありますので，これにスラッシュを入れなさい。そして，演習問題2で，スラッシュを入れた文と比較検討してください。

Over the past 25 years, the Hawaiian and Japanese economies have seen both booms and contractions, and our Council has done much to foster a strong relationship between us : we have organized trade missions ; we have studied the impact of Japanese tourism on Hawaii's economy ; we have supported legislations to ease visa requirements ; we have developed guidelines for responsible investment in Hawaii. We have laid the foundation for economic growth through the programs of the Council and the personal relationships among our members.

【演習問題2】

(1) スラッシュが入った次の例文を読んで，自分で「文頭からの順送り理解」をやってみてください。そして，次ページの［文頭からの順送り理解］の例と比較検討しなさい。
(2) 次にCD（✿ *10*）を聞いて，第7章で学んだノートテイキング法に沿ってノートをとり，ノートを見ながら実際に逐次通訳をしなさい。そのとき自分の逐次通訳を録音して，［逐次通訳］（訳例）と照らし合わせ，比較検討してください。

［スラッシュ・リーディング用の例文］（✿ *10*）

Over the past 25 years,／the Hawaiian and Japanese economies／have seen／both booms and contractions,／and our Council／has done much／to foster a strong relationship／between us :／／we have organized／trade missions ;／we have studied／the impact of Japanese tourism／on Hawaii's economy ;／we have supported legislations／to ease visa requirements ;／we have developed guidelines／for responsible investment／in Hawaii.／／We have laid the foundation／for economic growth／through the programs of the Council／and the personal relationships among our members.

［文頭からの順送り理解］
　過去 25 年の間に／ハワイと日本の経済は／見た（何を？）／好況期も縮小期も。／／そして我々の協議会は／多くのことをした（どんなこと？）／強固な関係を育てていくために／我々の間に。／／我々は組織した（何を？）／貿易ミッションを。／／我々は研究した（何を？）／日本のツーリズムの影響を（何に対する？）／ハワイの経済への。／／我々は法律を支持した（どんな法律？）／ビザの発給要件を緩和する法律を。／／我々はガイドラインを作った（何のためのガイドラインなんだろう）／責任ある投資のための（なるほど）／ハワイにおける（なるほど，なるほど）。／／我々は土台を築いた／経済成長のための。／／それは協議会の事業を通して／あるいは我々の会員の個人的関係を通して作られた。

［逐次通訳］（訳例）
　過去 25 年の間に，ハワイの経済も日本の経済も，景気拡大期・縮小期の両方を経験してきました。そして私たちの協議会は，両者の間に強固な関係を育てていくために，多くのことをしてきました。貿易ミッションを送ったり，日本のツーリズムがハワイの経済に与える影響を調査したり，ビザの発給要件を緩和する法律を支持したり，ハワイにおける責任ある投資のガイドラインを作成したりしました。協議会の事業や会員同士の個人的関係を通して，経済成長のための土台を築いてきました。

5．会議の進行手順（シナリオ）

　会議は突然，主催者代表の「ごあいさつ」や「開会の辞」で始まるわけではない。その前に開会アナウンスや司会者の紹介，そして司会者による主催者代表の紹介など，ある程度決まった形式がある。開会から閉会に至るまでの全工程を，司会者の言葉，話し手の名前と順序，進行時間の目安などを含めてカバーした，「シナリオ」と呼ばれるものがだいたいできていて，司会者はそれに沿って会議を進めていく。以下はそのようなシナリオの大枠である。

(1) 開会アナウンス――開会のお知らせ，会議運営上の注意・お願い
(2) 司会者自己紹介
(3) 司会者が開会の辞を述べる主催者代表に登壇を促す
(4) 開会の辞――主催国側の代表によるあいさつ
(5) 司会者が引き続き次のあいさつを促す

(6) 開会の辞──相手国側の代表によるあいさつ
(7) 司会者が引き続き地元代表のあいさつを促す
(8) 歓迎の辞──地元代表による歓迎の言葉
(9) 司会者が基調講演者を紹介する
(10) 基調講演
(11) 司会者が基調講演について会場からの質問を募る
(12) 会場との質疑応答──司会者が取り仕切る
(13) 昼食の案内（司会者）
(14) 司会者による再開のアナウンスと後半プログラムの案内
(15) ラウンドテーブルのコーディネーターによる自己紹介とパネリストの紹介
(16) コーヒーブレークの案内（司会者）
(17) 終了アナウンスとパーティー，翌日の集合時間などの確認（司会者）
(18) 閉会の辞──相手国（次期開催国）代表によるあいさつ

では次に，カウアイ島の会合の翌年，長野県で開かれた第26回日本ハワイ・パートナーシップ協議会のシナリオを具体的に取り上げて検討する。出てくる会議用語に留意すること。アナウンスと司会者の言葉には，どの会合にも使われる決まった表現が多く出ている。

(1) 開会アナウンス──開会のお知らせ，会議運営上の注意・お願い

皆様，おはようございます。定刻になりましたので，第26回日本ハワイ・パートナーシップ協議会の全体会議を開会させていただきたいと存じます。
Good morning, Ladies and Gentlemen. It is already past our scheduled starting time, so we'd like to begin the plenary session of the 26th Japan Hawaii Partnership Council.

会議に先立ちまして，2, 3お願いがございます。まず携帯電話は電源を切るかマナーモードに切り替えていただくようお願いいたします。また開演中の写真撮影は会議の妨げになりますので，ご遠慮ください。
Before we start the meeting, there are a few things I would like you to observe. First, would you kindly switch off your mobile phones or put them on manner mode. Secondly, please refrain from taking pictures during

the session as it may interfere with the proceeding of the session.

お手元の卓上マイクの使い方でございますが，発言される方はお名前をお呼びしましたら，手前中央の「マイク」ボタンを押してください。赤いランプがつきましたら，発言していただきます。発言終了後は，必ずもう一度同じボタンを押してくださるようお願いいたします。

As for how to use the microphone on your desk, those wishing to speak, please wait for your name to be called, and then push the microphone button, which is the one at the center, in front of you. You can speak when the red lamp goes on. After you finish speaking, please push the same button again, and the red lamp will go off.

この他にも，会議が同時通訳で行われるときは，次のようなアナウンスもなされる。

本日の会議は日本語・英語の同時通訳で行われます。同時通訳レシーバーのチャンネル1が英語音声，チャンネル2が日本語音声となっております。レシーバーの調子はいかがでしょうか，ご確認ください。

Today's meeting will be conducted in Japanese and English with the help of simultaneous interpretation services. Channel 1 is for English, and Channel 2 is for Japanese. Please check and see if your receiver is working properly.

　着席したばかりでまだイヤホーンを耳につけていない人もいるので，レシーバーの使い方などを説明するときは同時通訳ではなく，会場のスピーカーを通して逐次通訳で行うのが普通だ。司会者がこの部分だけは日本語も英語も両方やってしまうか，あるいは同時通訳者の1人がこの時だけ司会者のそばに行って英語に逐次通訳することもある。また場内アナウンスをする「カゲアナ」が，日本語・英語両方でアナウンスすることもある。

(2) 司会者自己紹介

私は本日の司会を担当させていただきます，日本ハワイ・パートナーシップ協議会の村本でございます。よろしくお願いいたします。

My name is Norio Muramoto, from the Japan Hawaii Partnership Council. I will have the pleasure of serving as Master of Ceremony for today's

meeting.
> 注）日本語の「よろしくお願いいたします」は，強いて訳すと "I would like to ask for your kind cooperation" とか "I thank you in advance for your kind cooperation" あるいは "With your support, I hope to do my job well" などと言えるが，ここではわざわざそんなことを言わず，さらりと省略したほうが英語としてスマートだ。

(3)（司会者）開会の辞を述べる主催者代表に登壇を促す

開会にあたりまして，最初に日本側代表の滝沢様に開会の辞をお願いいたします。

In opening the session, I would first like to ask Mr Kozo Takizawa, the Chief Japanese Representative of the Council, to give an opening address.

> 注）日本語では人を紹介するとき，苗字（姓）だけで済ませる場合が多いが，英語では姓も名も両方言うのが慣例である。

(4) 開会の辞——開催国（日本）側の滝沢代表によるあいさつ

【演習問題 3】
以下に滝沢氏による開会の辞の一部があります。
(1) 最初にスラッシュ・リーディングをしなさい。
(2) 次に CD（✿ *11*）を聞いて，第 7 章で学んだノートテイキング法に沿ってノートをとり，ノートを見ながら実際に逐次通訳をしなさい。参考として本章末に訳例を載せましたので，自分の通訳を録音しておいて，比較検討に使ってください。

(1) 皆様，おはようございます。アロハ。本日は日本ハワイ・パートナーシップ協議会の第 26 回総会に皆様，このように多数ご出席くださいましてまことにありがとうございます。
(2) ハワイ側からはハリス代表ほか当会のメンバー 50 人近くのご出席をいただき，またご来賓としてカエタ現知事ならびにアリヨ元知事のご出席も賜っております。日本側からは富田副代表をはじめ多くの方のご出席をいただき，ご来賓として吉田長野県知事もお迎えしております。このように大勢の方々にご出席いただきまして，盛大にこの会を開くことができましたことを，心から御礼申し上げます。

(5)（司会者）——引き続き，次のあいさつを促す

ありがとうございました。引き続き，ハワイ側代表のハリス様に開会の辞をお願いいたします。
Thank you, Mr Takizawa. Next, I would like to ask Mrs Joyce Harris to say a few words on behalf of the Hawaiian delegation.

ひとつの言語から別の言語に訳すときにはいろいろな訳し方があり，学校の英文法の試験とは違って，唯一ある訳文だけが正しいというわけではない。上の文も，"Thank you very much, Mr Takizawa, for your opening remarks. I would now like to ask the head of the Hawaiian delegation, Mrs Joyce Harris, to give an opening address" と訳してもいいし，他にもいくつも訳し方があるだろう。これからの勉強においても何とおりもの訳を試みてほしい。そうすることで，英日両言語の運用能力を高めていくことができるからだ。

(6) 開会の辞——相手側（ハワイ）のハリス代表によるあいさつ

【演習問題4】
以下にハリス氏による開会の辞の一部があります。
(1) 最初にスラッシュ・リーディングをしなさい。
(2) 次にCD（✿ 12）を聞いて，第7章で学んだノートテイキング法に沿ってノートをとり，ノートを見ながら実際に逐次通訳をしなさい。参考として本章末に訳例を載せましたので，自分の通訳を録音しておいて，比較検討に使ってください。

(1) Chairman Takizawa, esteemed members of the Japan-Hawaii Partnership Council and distinguished guests : I am pleased to be here with you in Nagano for the 26th General Meeting of the Partnership Council.
(2) First, on behalf of the Hawaii delegation, I want to express my warmest aloha to the people of Nagano. I remember watching the Olympic Games on television, but Nagano is even more magnificent in person.
(3) We thank you for the warm hospitality you have shown us. I want to thank Mayor Tsukuda and the City Council for the kind words and warm welcome at last night's reception. I invite you to visit us in Hawaii in the near future.

(7)（司会者）――引き続き，地元代表のあいさつを促す

ありがとうございました。ここで今回たいへんお世話になりました地元長野を代表されまして，長野県知事の吉田様からお言葉を頂戴したいと存じます。
Thank you, Mrs Harris. I would now like to ask Mr Tsuneo Yoshida, the governor of Nagano prefecture, to say a few words on behalf of our wonderful host city.

(8) 歓迎の辞――地元代表の吉田知事による歓迎の言葉

皆さん，ようこそ長野へお出でくださいました。長野県知事の吉田でございます。開催地長野を代表いたしまして，一言歓迎のごあいさつを申し上げます。（以下省略）
Ladies and Gentlemen, welcome to Nagano! I am Tsuneo Yoshida, Governor of Nagano. It's my pleasure to say a few words to welcome you on behalf of the host city.

(9)（司会者）――基調講演者の紹介

ありがとうございました。それでは本日，基調講演をお願いしております岡田幸雄様をご紹介申し上げます。岡田様は国際コンサルタントとして講演に，テレビに，ラジオに，新聞にと正に八面六臂のご活躍で広く知られておられます。詳しいご経歴につきましては，お手元の資料をご覧いただきたいと存じます。本日は「激動の国際情勢と日米関係」についてお話をいただくこととなっております。それでは岡田様，よろしくお願いいたします。
Well, Ladies and Gentlemen, it's now my pleasure to introduce our keynote speaker of the day, Mr Yukio Okada. Mr Okada is widely known for his many-sided activities that include being a consultant on international relations, giving lectures and talks, and appearing on television, radio and newspaper. His more detailed bio is included in the handouts. Today, he will talk to us on "International Situations and Japan-US Relations in Turbulent Times." So, Mr Okada, please.

(10) 基調講演――「激動の国際情勢と日米関係」岡田幸雄氏

(11) （司会者）——基調講演について会場からの質問を募り，質疑応答の司会をする

岡田様，たいへん有益なお話をありがとうございました。せっかくの機会でございますので，時間は限られておりますが，2, 3, 会場から質問をお受けしたいと思います。質問をされたい方は挙手をお願いします。そして，お差し支えなければ，お名前とご所属をおっしゃってください。

Thank you very much, Mr Okada, for your very informative talk. Ladies and Gentlemen, this is a rare and excellent opportunity to ask questions to Mr Okada. Because of time constraints, we can accept only two or three questions. Those with questions, please raise your hand, and state your name and affiliation.

(12) 会場との質疑応答

(13) （司会者）——昼食の案内

他にも質問はまだおありだと思いますが，そろそろ予定の時間となりましたので，この辺で岡田様の基調講演を終わらせていただきます。先生，どうもありがとうございました。これをもちまして，午前の部を終わらせていただきます。この後，合同昼食会がございますので，1階の「藤の間」にお移りいただきたいと存じます。午後の部は1時より再開いたしますので，少し前に部屋にお戻りください。

I'm sure you have many more questions you'd like to ask, but I'm afraid our time is up and so we have to conclude this session with Mr Okada. Mr Okada, thank you so much for your contribution. And now, Ladies and Gentlemen, we'd like to conclude the morning session and move on to a joint luncheon on the first floor, in the Fuji Room. I repeat, in Fuji Room on the first floor. The afternoon session will start at 1:00, yes, at one o'clock, so I ask you to be back in this room a bit before 1:00. So, to luncheon now, and bon appetit!

(14) （司会者）——再開のアナウンスと後半のプログラムの案内

秋の味覚を取りそろえた昼食を皆様お楽しみいただけたでしょうか。それでは午後の部を再開させていただきます。午後の部は「観光ラウンドテーブル」と題しまして，ハワイ観光業の現状と今後の展望について，3人のパネリストの方々に語っていただき，その後フロアからのご参加も得て，

自由討議で締めくくります。コーヒーブレークをはさみまして，第3部の「貿易投資ラウンドテーブル」を同じ要領で行い，今日の予定は終了となります。観光ラウンドテーブルのコーディネーターを日本旅行業協会会長の松田様にお願いしております。それでは松田会長，よろしくお願いいたします。

I hope you have enjoyed your lunch with all the autumn delicacies. We would now like to resume with the afternoon session. This session is entitled "Roundtable on Tourism," and we will examine the current situations and future prospects of tourism in Hawaii. We have three panelists, who will initiate us into this field. Their presentations will be followed by free discussion, with participation from the floor as well. Then we will have a coffee break. After coffee, we will have the third session, entitled "Trade and Investment Roundtable," in more or less the same format as the second session. And with this, we will have completed today's program. We have asked Mr Isoo Matsuda, Chairman of Japan Association of Travel Agents, to act as the coordinator for the session on Tourism. So, Mr Matsuda, please.

【演習問題 5】
(14)と(15)の文の英語訳は，会議場で日本語の原文を聞いて同時通訳しているつもりになって訳してみたものです。逐次通訳と比べてどんな違いがあるか，どんな特徴があるか，クラスで話し合いなさい。

(15)（ラウンドテーブルのコーディネーター）自己紹介とパネリストの紹介

コーディネーターを務めさせていただきます松田です。今日は時間が非常にタイトでありますので，私の前置きは省きまして，早速パネリストの方々のお話に入りたいと思います。パネリストのお三方をご紹介いたします。皆さんから向かって舞台の左端，つまり私のすぐお隣におられるのが，ハワイ州知事のカエタ氏，続いて日本エアーラインズ代表取締役社長の兼田氏，そしてハワイ観光局理事長のフィシャーマン氏です。最初におひとりずつ20分以内でご発言いただき，その後フロアの方々も交えて，フリーディスカッションをしたいと考えております。それでは，まずカエタ知事からお願いいたします。カエタ知事には，ハワイの発展に占める観光業の役割についてお話いただきます。

Thank you. I am Isoo Matsuda, and I'm happy to serve as the coordinator for this session. As our schedule is very tight today, I will skip my introductory remarks and go right into presentations by the panelists. Let me introduce the three panelists. On your far left, and therefore closest to me, is Mr Bill Cayeta, Governor of Hawaii. Next to him is Mr Ichiro Kaneta, President of Nihon Airlines. And on your far right is Mrs Linda Fisherman, Chief Executive Officer of Hawaii Tourism Authority. Each panelist is given twenty minutes to give their initial remarks. And when all three have spoken, we will have free discussion with the floor. Governor Cayeta, would you like to start first? The Governor will focus his talk on the role of tourism in the development of Hawaii.

　英語での情報の出し方の順序が，ほとんど日本語での順序と変わっていないことに留意してほしい。原文（source language）の文章は短め，短めにまとめて理解し，それを訳出言語（target language）でも同じ程度の簡単な短文で次々と出していくのがコツだ。
　この後，第2部では同じような要領であとの2人が話し，そしてフロアとの自由討議になる。自由討議は（11）「質疑応答の司会」を参照。

(16)（司会者）——コーヒーブレークの案内

議論は尽きませんが，そろそろ予定の時間となりましたので，この辺で第2部の観光ラウンドテーブルを終わらせていただきます。コーディネーターをしてくださいました松田会長，そしてカエタ知事，兼田社長，フィシャーマン理事長の皆様，どうもありがとうございました。ではここで，15分ほど休憩をいたしたいと存じます。ホール外のホワイエに，ハワイのコナ・コーヒーを用意いたしましたので，ご賞味ください。後半は3時15分より再開します。

I know you'd all like to continue with this very interesting discussion, but our time is up and we have to close this Roundtable on Tourism. I'd like to thank our coordinator, Mr Matsuda, and the three panelists: Governor Cayeta, Mr Kaneko and Mrs Fisherman. Thank you very much, indeed. We would now like to have a fifteen-minute coffee break. Coffee is being served in the foyer just outside this room. It's coffee from Kona in Hawaii, so I'm sure you'll enjoy it! We will start the second half of the afternoon session at 3 : 15.

　コーヒーブレークのあと第3部の「貿易投資ラウンドテーブル」が再

開,そして第2部と同じような要領で討議を行って,この日の会議は終わる。終わるに際して,司会者から,夜のパーティーの案内と,翌日の会議開始時間の確認がある。

(17)(司会者)――終了アナウンスとパーティー,翌日の集合時間など確認

皆様,今日は長時間お疲れさまでございました。明日は9時から最後の全体会議が行われますので,どうぞよろしくご協力をお願いいたします。今夜はパートナーシップ協議会日本側の主催で夕食会が行われます。会場は20階のスカイルームで,7時から開宴となっております。いろいろと楽しい余興なども準備されているようでございますので,ご期待ください。それでは,またのちほどお目にかかりましょう。

It has been a long day, but thank you for all your contributions. Tomorrow, we will start at 9:00 am for the last plenary session. I hope to see you all there at 9:00. Tonight we have a dinner party hosted by the Japanese Partnership Council. It takes place in the Sky Room on the 20th floor, starting at 7:00. There are going to be lots of fun and attractions on the side, so I'm sure we can all look forward to that. See you at the party!

　翌朝の会合では小委員会の報告(reports from subcommittees)や共同声明の採択(adoption of joint statement),次回開催地(venue of the next meeting)の選定など積み残した議題を処理して,いよいよ閉会の辞となる。

(18) 閉会の時――次期開催国ハワイ側のハリス代表によるあいさつ

【演習問題6】
次の英文は,ハリス氏の閉会の辞の最後の部分です。
(1) 最初にスラッシュ・リーディングをしなさい。
(2) 次にCD(✿ *13*)を聞いて,第7章で学んだノートテイキング法に沿ってノートをとり,ノートを見ながら実際に逐次通訳をしなさい。参考として本章末に訳例を載せましたので,自分の通訳を録音しておいて,比較検討に使ってください。

(1) Now let me close with these thoughts. As we reflect on the relationship between Hawaii and Japan, we know that it has been a wonderful partnership. Japanese investment has been good for Hawaii and Hawaii

has been good for Japanese business.
(2) I believe it is in our mutual interests to continue our partnership, to strengthen it and work together. Overall, the Japan Hawaii Partnership Council has developed an outstanding track record of successful collaboration.
(3) The 21st century offers tremendous opportunities for economic growth and prosperity. But it also poses difficult and complex challenges that can best be resolved through collaboration.
(4) The Japan Hawaii Partnership Council, with diversity of its membership and vision for the future, can play an instrumental role in finding solutions to these challenges. Let us prosper together in the years ahead.
(5) Once again, thank you so much for your wonderful hospitality. Our deep thanks also goes to the secretariat for making such thorough preparations for the conference and for our stay. We look forward to seeing you in Kona, for the 27th meeting of our Council next year. Arigatou gozaimashita. Mahalo!

以上，会議の手順を開会から閉会まで，通訳をしながら追ってみた。先にも述べたとおり，ひとつの文章に対して幾通りもの訳出の仕方がある。演習をするときには，少なくとも2，3通りの訳を考えてほしい。

【演習問題7】
(1) この章に出てくるアナウンスと司会者の言葉で，どの会合でも使われると考えられる語句と表現の日英対訳のリストを作りなさい。
(2) そのリストでよく準備してから，ペアを組み1人が例文の原文を読み（あるいは自分でテープに録音して），ノートテイキングをして逐次通訳をしなさい。

◆訳例

【演習問題 3】（☆ 11）
(1) Good morning, Ladies and Gentlemen. Aloha! I'd like to begin by thanking you deeply for coming to the 26th General Meeting of the Japan Hawaii Partnership Council.
(2) We are happy to welcome Chairwoman Harris and close to fifty members of the Hawaiian Council here today, and also Governor Cayeta and Former Governor Ariyo as special guests. We, on the Japanese side, have Vice-chairman Tomita and many members of the Japanese Council attending, as well as Governor Yoshida of Nagano Prefecture as a special guest. Thanks to the attendance of so many of you, we are able to start this meeting in a very auspicious manner.

【演習問題 4】（☆ 12）
(1) 滝沢会長，日本ハワイ・パートナーシップ協議会の皆さん，ご来賓の皆様。パートナーシップ協議会第26回会合のため，ここ長野に皆様と集えますことをうれしく思います。
(2) まずハワイ側を代表いたしまして，長野の皆様に親愛の気持ちをこめてアロハ！とごあいさつ申し上げます。テレビで長野オリンピックを拝見しましたが，実物の長野はテレビよりはるかにすばらしいところですね。
(3) 私たちを温かくおもてなしくださり，ありがとうございます。特に津久田市長をはじめ市議会の皆様には，昨夜のパーティーで温かいお言葉や歓迎をいただきまして，感謝しております。皆様方も近い将来，是非ハワイにお越しください。

【演習問題 6】（☆ 13）
(1) 最後に私の思いを少し述べて，終わりにしたいと思います。ハワイと日本の関係を振り返ってみますに，それはすばらしいパートナーとしての関係でした。日本の投資はハワイにとってよかったですし，またハワイは日本の企業にとってよかったのです。
(2) 私たちのパートナーシップを今後も継続させ，強化し，協力していくことは相互利益にかなうことだと思っています。全体的に見て，日本ハワイ・パートナーシップ協議会は，協力成功という面ではすばらしい実績を収めてきました。

(3) 21世紀は経済成長と繁栄のための多大の機会を与えてくれています。しかし，難しく複雑な挑戦も投げかけており，その解決のためには協力こそ最善の道です。
(4) 日本ハワイ・パートナーシップ協議会は，メンバーの多様性と将来へのビジョンゆえ，こうした挑戦への解決を見つけ出し，末永く共に栄えていくうえで中心的役割を果たすことができるでしょう。
(5) 本当に今回はすばらしいおもてなしをありがとうございました。また事務局の皆様にも，会議はもちろん私たちの受け入れのためにも完璧といえる準備をしていただきまして，心から感謝しております。来年の第27回会議では，コナでお目にかかれるのを楽しみにしています。マハロ！

◇コラム⑦◇

チャイはお茶にあらず————————新崎隆子

　情報のグローバル化が進むにつれて，英語は国際的なコミュニケーションの手段としてますます重要な役割を果たすようになった。日本で開かれる国際会議では，イギリス，アメリカ，オーストラリアなどのネイティブの英語よりも，アジアやヨーロッパの人たちの英語を聞くほうが多いぐらいだ。ある説によると世界で英語を話す人口は20億人で，そのうちネイティブは3億人ぐらいだという。しかし，国際共通語としての英語は，様々なお国ぶりを反映するので，しばしば聞き取りに苦労する。
　東南アジアの女性が"Our country does not have sufficient welfare programs for チャイ"と言う。困っていたら，"Not only for チャイ but also for woman."と続けてくれたので，「チャイ」は"child"のことだと気がついた。以前，麻薬取締りの国際会議の通訳をした折，「タイの北東部の duck producer が武器の密輸に関わっている」と聞こえ，「カモを育てている農家」ではおかしいと困り果てたことがある。正解は drug（麻薬）。一般に中国言語系の人たちは子音の連結を省略する傾向があるので drug は「ダック」，still は「シル」，past は「パス」のようになるのだ。
　しかし，苦労するのは発音だけではない。フランス語圏のスピーカーが"Japan is the first foreign market for our product."と言ったので，「日本は我が社が開拓したはじめての海外市場です」と訳したところ，日本側から「通訳が間違っている」と指摘された。よく聞いてみるとスピーカーは primary（主要な）と言うべきところを，フランス語の premier（主要な／最初の）につられて英語で first（最初の）と言ってしまったのだった。
　先日も同僚が笑いながら「"They are from ユサーユアロブ"と聞こえたら，どう訳す？」と聞いてきた。ユアロブは Europe だろうがユサは何だろう。「これが何回も出るのよ。何かわからなくて悩み続けたわ。でも，ふっと思いついた。U.S.A. だったのよ。アメリカをユサって発音する人に会ったことある？」。できれば，永遠に出会いたくないな。「もうひとつ。"The pipes are reinforced with シネマ"は何でしょう？」。まるでなぞなぞだ。「たぶんフィルムよ。パイプはフィルムみたいなコーティング剤で強化されている。フィルムは映画。映画はフランス語ではシネマ。だから，ね！」世界の英語はますますおもしろくなりそうだ。

第9章　通訳業務の実践ガイド
—— Chapter 9. Handling Interpreting Assignments

> **この章の目的**
> ①通訳エージェントと通訳業務との関連，通訳依頼に対して考慮する点について学ぶ。
> ②通訳現場での必要事項について知識を得る。
> ③通訳者が活用できるICT（情報電子機器）について知識を得る。
> ④通訳理論・倫理について考察する。

1．業務の受注経路

　通訳業務は仕事の受注経路から言って3つに大別できる。①1つの通訳エージェントに属し，そのエージェントの仕事しかしない専属通訳。②複数のエージェントに登録し，それらエージェントを介して仕事を受けるフリーランス通訳。③エージェントは介さず，個人的に依頼されて直接仕事を受ける完全にフリーな業務。

　それぞれに長所・短所がある。専属通訳の場合は仕事の有無にかかわらず，月に最低何日か分の給料が保障されるから，生活はある程度安定する。しかし仕事を選ぶ自由はあまりなく，エージェントから言われたものを受けるのが普通だ。また，どんなにやりたい会議の通訳でも，入札（コンペと呼ばれる）で自分のエージェントが受注しなければ，かかわることができない。

　日本では専属通訳者は非常に少なく，圧倒的多数の人がフリーランス通訳をしている。それも，個人的に頼まれて直接仕事をするより，エージェント経由で仕事を受けるのが普通だ。通訳料金はエージェントを介さず直接受けたほうが高く請求できる。自分がエージェントの役もするのだから当然だろう。しかし中間にエージェントがいると，料金や条件の交渉，資料の請求や入手，何かトラブルがあったときの対応など煩雑な作業はエー

ジェントがやってくれるので、多少その分支払いが少なくなっても、こちらのほうが楽だ。通訳者としてエージェントに登録するためには同僚通訳者からの紹介や面接に加えて、ちょっとした試験を受けることもある。その結果でBクラス、Aクラス、特Aクラスなどとランク分けされ、それによって通訳料金が個別に設定される。

2．通訳の仕事の依頼があったら
(1) テーマや内容について
　通訳の依頼があったら、最初に確かめるのは、やはり内容だ。どんなテーマの話なのか、自分が理解できる分野なのか、それを判断することが必要だ。

　母国語で読んだり聞いたりしてもわからないものは引き受けない。特にまだ駆け出しのころは、集中して聞くという通訳技術も未熟なので、多少聞き落としても知識で補い聞きができる分野がいい。「カラスは黒い」という知識があれば、「カラスは…」の後を聞き落としても「黒い」と補えるだろうが、知識のない分野では、「カラスは白い」と言ってしまうかもしれない。

(2) どれぐらいの準備期間があるか
　あまり知識はない分野だが興味はあり、準備期間もあるという場合は、守備範囲を広げ経験を積むためにも引き受けていいかもしれない。内容的に難しすぎると判断した場合は、ただ「自信がないから」と断るのではなく、「もう少し準備期間があれば挑戦してみたいが…」とやる気のあるところを見せる。また、例えば「もう少しマクロの経済なら今すぐにでもお引き受けできるのですが」などと、自分の強い分野について宣伝もしておく。

(3) 通訳の形態について確かめる
　通訳の形態について、同時通訳なのか、逐次通訳なのか、またはウィスパリング通訳なのか。確かめておく必要がある。

　同時通訳ならたとえ30分の通訳でも2人必要。1日なら3人。学術発表など、内容的に難解な論文がたくさん出てくるときは、4人になることもある。

　逐次通訳でも、講演や討論会、交渉事で3時間以上になると、通訳者

は2人必要。正確さを期するために30分交代で通訳する。1人で連続，集中してできる時間は1時間半が限度で，それ以上になると集中力が落ちるので，5分でもいいから休憩を取ってもらい，頭を休める。例えば3時間の逐次通訳の場合，通訳者が実際にしゃべっている時間はその半分だから，1時間半しか仕事をしていないと誤解している依頼者がいる！ 通訳者はしゃべっていない間も全神経を集中させて話し手の言っていることを聞き，理解し，翻訳し，記憶するという作業を続けていることが理解されていないのだ。

もうひとつ誤解があるのが，ウィスパリング通訳に関してである。ウィスパリング通訳はブースや機材を使わないので，同時通訳より格が下で簡単なように思われているが，実はその反対だ。イヤホーンなしに肉声で聞きながら，同時にささやくように小声で訳し続けるというのはほとんど不可能で，実際に極めて不正確な訳しかできない。

こうしたことはエージェントが依頼者ときちんと話し合って取り決めてくれるはずだが，直接仕事を受ける場合，依頼者側が会議や通訳のことがよくわかっていないこともあるので，こちらから問題を提起し，確認を取っておいたほうがよい。

3．仕事を引き受けたら

上記のようなことを勘案して仕事を引き受けたら，当日までに以下のような準備をする。

(1) 会議のプログラムや発表者に関する情報をできるだけはやく入手して，インターネットで発表者の業績やこれまでの講演録，論文などを検索する。発表者が最近話題作を出していれば，購入して読んでおく。
(2) あまり参考資料が送られてこないようなら，書店や図書館で関連書を入手して勉強する。『現代用語の基礎知識』や『イミダス』，『知恵蔵』など全分野網羅の事典や『世界年鑑』で，対象分野の最新動向やテーマを頭に入れる。
(3) この会議が定期的に行われている会合である場合，あるいは以前同じような会合を行ったことがあるという場合には，そのときのプログラムや報告書を参考資料として提供してもらう。
(4) 資料は日英対訳になっているものがあれば非常にいいし，対訳にな

っていなくても，できるだけ日本語，英語両方の関連資料をもらう。用語集（単語帳）を作るためである。会社案内や政府の刊行物はよく両言語で出ている。
(5) 日本側，外国側とも，関係団体や出席者・発表者の名前と役職名などを，できるだけ日英両方でもらう。団体名や役職名は勝手に訳を作るより，正式名で統一したほうがいい。
(6) 発表者の原稿や発言要旨は全部集まるのを待つのではなく，順次送ってもらって勉強し始める。会合の前日に一挙に大量のものが送られてきても，通訳者は読み切れない。
(7) よく知っている分野でも，自分が担当する発表者の原稿は必ず前日までに目を通しておく。詩や聖書，有名演説の引用や定訳のある用語などが使われており，事前に調べておかなければ，当日になってあわてても後の祭りで，いい訳が出せないはめになる。
(8) 現場で使い勝手の良い，自分のための単語帳や情報メモを作る。
(9) 単語帳を作るに際して，会議の名称や各セッションの名前，主催や共催・後援などの関係団体，主な参加者や発表者の名前と役職などを日英両方で1枚の紙にまとめ，会議中はもちろん夕食会，パーティーなどにも持ち歩いて即座に見られるようにする。

直接個人的に仕事を引き受けた場合は上記の準備に加えて，普通ならエージェントがしてくれる次のような業務も代行しなければならない。

(10) 依頼者，コーディネーター，主催者，発表者などの連絡先をもらう。今後の連絡窓口は誰になるのかを確認する。資料や発表原稿の手配，受け渡しは誰が担当するのか。内容に関して質問があれば誰に聞けばいいのか，発表者と直接連絡を取っていいのかなども確かめる。発表者のなかには直接連絡を取られるのを嫌がる人もいるので注意が必要。
(11) 依頼者の中には資料やプログラムをメールで送ってくるか，あるいはネットで入手できるから自分で引き出すようにとアドレスだけ知らせてくる人もいるが，原則として資料は依頼者側でプリントアウトして送ってもらうこととする。
(12) 発表者との打ち合わせ（ブリーフィング）の時間を予定してもらう。
(13) 会議・会合名，日時，拘束時間，通訳形態，通訳者人数，料金，出張のときの移動拘束時間料金などについて合意事項を書面にして依頼者に送り，確認してもらう。

4. よりよい通訳をするために

　よりよい通訳をするために通訳者たちが常に求めていながら，なかなか発表者に伝わらず，せっかくの発表が十分活かされないことがままある。次ページの「通訳者から発表者へのお願い——原稿について」は，発表者の話がよりよく聴衆に伝わることを願って通訳者から提案しているものである。この「お願い」と同じ趣旨の英文 "A request to the speaker from the interpreter" は，エージェントあるいは依頼者を通して，発表を依頼するとき，是非その依頼状と一緒に発表者に送ってもらうようにしていただきたい（**次の 2 ページはコピーして，自由にお使いください**）。

[通訳者から発表者へのお願い——原稿について]

発表者の方へ

　通訳者にとって一番関心があるスピーチ原稿の事前入手とその内容について，依頼者側のコーディネーターや発表者本人に誤った情報が伝わっており，かえって会議の妨げになっていることがあるので，お知らせします。

　外国の発表者の中には，「自分はふだんスピーチ原稿など作らない。作るとしても自分用のメモぐらいだ。でも日本では原稿を作るのが普通で，特に通訳が入るときは原稿を作ってその通り読むのが望ましいと言われたので，今回わざわざ原稿を作った。この通り読むから，安心してほしい」などと，打ち合わせのときにおっしゃる方がいます。

　ところが，実際には原稿を読まれるとかえって通訳がしにくいのです。推敲を重ねた原稿は目で読んで理解するために書かれたもので，情報が凝縮しており，一度耳で聞いただけで内容がつかめるものではありません。また，読むとなるとどうしても早口になってしまいます。それを同時通訳で追いかけると超早口通訳になって，聞いている人は分からなくなります。逐次通訳の場合は速すぎてノートが取りきれないので，原稿を目で追いながら即席に翻訳するようになってしまい，聞きやすい訳になりにくいのです。私たちのコミュニケーションは，その場で考えながら自分の言葉で感情を込めて語ってこそ相手に伝わるのではないでしょうか。すでに思考活動の終わったもの（原稿）を流暢に読み上げるだけでは，せっかくの内容もあまり伝わりません。

　通訳者はもちろん原稿は歓迎します。読んで内容を理解し，概念や思考の流れや用語を把握する事前準備のために，原稿は草案でもいいので是非事前に必要です。そうすれば，当日は通訳者のために完全な原稿を用意する必要はありませんし，それをそのまま読み上げる必要もありません。むしろ**原稿は読み上げるのではなく，原稿に書いてある内容を話し言葉で伝えていただいたほうが**，最も効果的な通訳ができて，聴衆にも分かってもらえるのです。当日は，話の要点やキーワード，中心概念などをアウトライン的に書き出した講演メモのようなものをいただければ，事前に勉強した原稿（草案）と重ねて，質の高い通訳が望めます。私たち通訳者は，スピーチをする人の代弁者になるわけですから，聞く人に通訳者の言うことがよく伝わるということは，発表者の発言がよく伝わることにほかなりません。

　スピーチのご成功に向けて，ご一緒に仕事ができることを光栄に思っております。

通訳者より

[A request to the speaker from the interpreter]

Dear speaker,

Your conference organizer may suggest to you that it would be better if you read your speech from a written text which you have provided beforehand to the interpreter. While we interpreters indeed appreciate receiving the text of your speech beforehand for study, we actually prefer that the speech itself is not the straightforward verbatim reading of the written text. In fact, it would be more helpful to us if you **speak** based on the text, using lecture notes or talking points. If you must read, please read **as if you are talking** to the audience. This way, your message can be conveyed more effectively.

People tend to speak fast when they read out a speech. When such a speech is translated simultaneously, it becomes so fast and hurried that the audience finds it hard to follow and absorb the content. In case of consecutive interpreting, taking notes becomes so difficult that interpreters would soon abandon the effort and resort to an ad-hoc translation of the written text. As you can see, in either case we fail to deliver a good job. The audience finds it hard to understand what the interpreter is saying, and therefore what the speaker is saying. We are your mind and mouth in another language.

Interpreters appreciate receiving the written text of your speech (even a rough draft is welcome) some time **before** the meeting so that we can study the content and familiarize ourselves with what you want to say, your concepts, the important points, the train of thoughts and terminology. However, if you don't usually prepare a written text or don't want to, **you don't have to**. Instead, please provide the interpreters beforehand with an outline of your talk, including key words and central concepts.

In short, these are our requests to you in order to maximize the effective interpretation of your speech : (1) Provide us with a draft (or an outline) of your speech beforehand ; (2) when giving the speech, try to avoid simply reading out the text, but rather speak from it ; (3) give us talking points or notes you will be using to deliver your speech, if possible beforehand but if not then at least on the day. Please help us to help you.

Looking forward to working together for a successful speech,
Your interpreter

5．当日やるべきこと
(1) 会場のチェック

(1) できるだけ話し手の近くに通訳席を設けてもらう。いつ通訳を始めるかのタイミングをはかるためにも，視線やそぶりで話し手と合図ができる距離がよい。また，マイクを通すより話し手の肉声がそばで聞けるほうがいい。音響効果の悪い会場では，例えば million と billion が聞き分けにくいなどで，音を聞き取ることに余計なエネルギーを取られてしまう。この意味でも，話し手の後方，つまり音が飛ぶ方向の逆に通訳者が位置するのは，絶対に避けるべきである。一番確実なのは，話し手のすぐ横に位置することである。

(2) 小さな会場だと通訳者のためにマイクが用意されていないことがあるが，マイクは必ず用意してもらうこと。どんなに小さな会場でも，10人～20人に聞こえるようマイクなしでしゃべっていると，1時間もすれば声がつぶれてしまう。大声を出すことにエネルギーが取られて，その分通訳の質が落ちる。

(3) 通訳者が使うマイクの種類や音声をチェックする。立ってする仕事で，しかも通訳者には演台がなく，マイクはスタンドのないハンドマイクという場合もある。ハンドマイクで片手がふさがってしまったら，いったいどうやってノートをとるのか！ 通訳者はノートをとるということも知らない人が会場を設営したら，こんなことになる。

(4) 通訳者にも演台を用意してもらう。演台がないと，せっかく作ってきた単語帳や資料も置く場所がなく，活用できない。ノートをとることにも差し支える。また，演台がなければ足を隠す場所もない。人目にさらされ立って通訳していると，長いあいだ見栄えよく立っていることにエネルギーが取られて，その分通訳に集中できなくなる。

(5) パソコン画面をプロジェクターを使って映し出す場合などで，通訳者のための照明は確保できているか？ 電気を全部消されてしまったら，通訳のためにとったノートが読めない。資料をもらった段階で発表の仕方を予想し，手元ランプの手配を頼んでおくのが肝要。薄明かりのなかでの通訳は懸命にノートを読み取ることにエネルギーが取られ，それだけ訳出がおろそかになる。

会場を準備する人たちは，通訳者から指摘されないと通訳のためにはどういう条件が必要なのかを知らないことが多い。聞き取ること，大声を出

すこと，きちんと立っていることや，読み取ることに余計なエネルギーを使わされることなく，通訳することに全エネルギーが使えるように条件を整えてもらうことが大切である。

(2) 依頼者や発表者との打ち合わせ（ブリーフィング）

(1) その日のスケジュールを確認する。
(2) 原稿を出していない話し手とのブリーフィングの場を作る。その場で何か発言メモでも持っていれば，「手書きで読めないよ」と言われても貸してもらってコピーを取る。
(3) 原稿を出している人には，原稿をそのまま読むのか，アドリブを入れるのか，あるいは原稿をまったく無視するのか確認する。通訳者を使い慣れている人，また事前に渡してもらった（はずの）「発表者へのお願い」を読んでくれた人は，原稿を早口に棒読みしたりしないだろう（と期待したい）。しかし，どのように発表するかは最終的には発表者にまかせられていることであり，通訳者の希望を押しつけることはできない。そのまま読むのであれば，どこで区切るのかを，お互いの原稿に印をつける。「発表者へのお願い」を確認の意味も込めて，ここでもまた渡す。
(4) ほんの数分でもいいから，発表者と顔合わせをすること。その人の話し方の特徴などがつかめ，それなりの心構えができる。また同時通訳のときは，通訳者は箱の中の機械ではなく，ちゃんと顔も心も持った人間であることを発表者にわかってもらうためにも必要である。
(5) 冗談やことわざを使うつもりがあるのか，どんな冗談かなど，あらかじめ聞いておく。話し手はそこまで「手の内」を明かしたがらないことが多いが，冗談の通訳はそもそも難しいこと，また効果的に訳すためには準備が必要であることを伝える。
(6) 語呂合わせやだじゃれは通訳不可能であることを伝える。
(7) 地名，人名，組織名など，固有名詞が出てくるのなら，教えてもらっておく。また，団体名，会社名などの略語が使われるのならそれも聞いておく。

会場のチェックや発表者との打ち合わせなどに関して，当日やるべきことのリストを作っておくと便利だろう。

6．通訳以外の仕事を頼まれたら

通訳者は現場で通訳以外の仕事を頼まれることがよくある。通訳とは，発言された情報をひとつの言語から別の言語に訳すのが業務なのだから，以下のような業務は，事前に同意しているときは別として，引き受ける義務はない。

(1) 会合の進行係
(2) 会合で配布する資料や会議の後でまとめる議事録の翻訳
(3) 急なビデオ上映の通訳（事前にビデオを渡され，見る時間のあったものは引き受ける）
(4) 要約。通訳は発言内容をそのまま正確に訳すことを職務としているのであり，「適当に判断して重要なところだけ要約してくれ」という要請には応じられない。
(5) 通訳者の訳を録音して，音声として二次使用すること。これは著作権の侵害になる。

7．通訳者自身について

(1) ノートをとるための用紙，ペンを忘れない。ペンは書けなくなることもあるので，最低2，3本は必要。用紙は演台が使えない場合は片手に収まり，後ろにしっかりした台紙がついているものがよい。机がある場合は，A4サイズの大きめの用紙のほうが，ノートが何枚にもならなくて便利である。
(2) 以前に同じ分野の通訳を担当したときの単語帳があれば，それも忘れずに持参する。
(3) 通訳者は服装に注意が必要。カジュアルなものや目立つものは避け，スーツが定番。特に式典のときは黒や紺などのきちんとしたスーツが，出席者への敬意を表すことになる。
(4) 立食パーティーでは，通訳者は事前に食事を済ませておくのが礼儀である。パーティーでは飲み物だけにとどめる。
(5) トイレ休憩や小休止については，通訳の質に大いに影響する可能性があるので，事前に必ず食事の時間や適度な休憩時間をとる配慮を求める。
(6) 通訳者にとって同僚通訳者との関係も，発表者やエージェントの関係と同じくらい重要である。2人で仕事をするときは，交代時間を越え

てやりすぎないように。逐次通訳なら 30 分交代，同時通訳なら 15 分交代と事前に決めた分担時間に従う。気持ちよく仕事ができるようストップウォッチの使用をお勧めする。
(7) チームとして高い評価が受けられるよう，お互いに助け合うことが肝要。パートナーが通訳しているとき過度な介入やメモの押しつけで，かえって邪魔をしてしまわないように配慮する必要がある。お互い萎縮せず持てる力を発揮できるよう，さりげなく助け合える関係を築くことが大切。
(8) 質の高い通訳をするためには準備が大切だが，通訳者として実力をつけていくためには，経験した仕事の復習，つまりアフターケアも欠かせない。通訳は瞬間の勝負なので，その瞬間，自分の頭の中にある語彙や情報しか使えない。必ずしもベストな訳が出せるとは限らない。そこで 1 つの仕事が終わったら，とったノートから原発言を再生し，それを辞書や事典，参考書などを使いながら「これ以上いい訳は出せない」というところまで翻訳するのである。これを最初の仕事から 50 回くらい繰り返すとかなり実力がつく。言い換えれば，やりっぱなしの仕事はいくら繰り返しても，あまり進歩がないということを肝に銘じてほしい。

8．通訳者が活用する ICT（情報電子機器）

通訳に必要な情報を探し出そうとするとき，インターネットの活用は今では通訳者にとってあたりまえのことになっている。スピーチの原稿などもインターネット上で公開されているものもあり，練習用に大いに活用できる。そのほかにも，電子辞書や小型のノートブック・パソコンが通訳現場で欠かせぬ機器になっている。

(1) 電子辞書
通訳の現場に重い辞書を持っていくことは，今や過去のこととなった。重さわずか 200 グラムほどの電子辞書に，大規模な英和辞典，和英辞典，英英辞典，国語辞典はもちろん，機種によってはシソーラスや百科事典，さらに現代用語辞典，コンピューター用語辞典，医学用語辞典など各種辞典が搭載されている。

(2) ノートブック・パソコン
重さ 1 キロ足らずの小型パソコンの中に，英和・和英，経済用語，法

律用語，土木用語，環境用語など20～30冊の辞典類を入れることができる。例えば，「串刺し検索」機能のあるソフトを使って oceanography と打ち込むと，これらの全辞典類の中に出てくる oceanography の記述がすべて検索でき，画面上に表示される。

　辞書としての機能のほかに，PHS カードまたは環境によっては無線 LAN カードにより，インターネットが使えるようになる。発表者の論文や業績を急に調べなければならなくなったときなど，威力を発揮してくれる。これを使っていると電波障害が起こるのか，会場の音声に雑音が入ることもあるが，辞書としてはいつでもどこでも使えるのでたいへん重宝である。

　同時通訳や形式を重んじない対話形態の逐次通訳の現場では，これらの機器を利用して通訳に役立てているが，式辞あいさつや壇上でするスピーチの通訳にはこうした機器を使っている余裕はない。今後さらに発達を続けるに違いない各種機器を通訳の仕事に活用する技術を身につけていくことも，これからの通訳者の条件のひとつだろう。

　しかし，技術によるサポートがいかに発達しても，ひとつ忘れてはならないことがある。それは，特に式辞あいさつなどのように格調高いスピーチの通訳にあてはまることだが，記憶や教養といった従来から重視されてきた能力の大切さだ。いつもスピーチの原稿をもらえるとは限らない。原稿なしに全くアドリブでスピーチする人もいる。そして，そんなスピーチにこそ格式や効果をねらって，聖書の一節やシェークスピアの一文，詩，過去の有名演説や歴史上の出来事，今現在世界で話題になっていることなどが出てくる。話し手が日本人なら四字熟語や故事などもよく引用される。まさに通訳者の教養が問われるところである。

【演習問題1】

通訳倫理の最も基本的な原則は，通訳の「正確さ」，「中立性」，「守秘義務」という考えがあります。これらを念頭において，以下のような状況や説について論じ，対策を考えなさい。
・話し手が非母語者のために発音や文法に問題があり，何度か聞き返したが話の内容が正確につかめない。
・時間が15分しか与えられていないからと，発表者は超スピードで原稿

を読みあげる。
・自分あるいはパートナーが間違った通訳をしたことに気がついた。
・話し手が間違ったことを言っていることに気がついた。
・話し手の意見が政治的，社会的，宗教的に通訳者には受け入れられない。それでも誠意を込めて訳さなければならないのか。
・逐次通訳中に，クライアントの一方に弊害があるような発言がされた。通訳者はどう対処すればいいか。
・職業上の役割として，通訳者はクライアントの理解を助けるために，両国の文化や習慣に関して説明やアドバイスをするべきかどうか。
・通訳者は1人称で訳す。
・通訳者は「黒子のような，空気のような存在であるべきだ」という説をどう思うか。
・企業秘密にかかわることだから，事前に資料はいっさい渡せないと言われた。
・資料は渡されたが会議の後で全部返却するよう言われた。せっかくいろいろ書き込みもして，とても勉強になる資料なのだが…。

【演習問題2】
以下のテーマで最低800字のレポートを書きなさい。
・通訳産業におけるボランティア通訳について，そのメリットとデメリット。
・あなたの国では通訳業は専門職として社会的に高い評価を得ているか。もし現在よりも社会認識を高める必要があるとすれば，どのようなことが必要とされているか。
・通訳はサービス業であるとよく言われるが，これについてどう考えるか。

【演習問題3】
質の高い通訳をするためには復習が大切ですが，本章7.(8)で述べた復習のやり方以外にどんな効果的なやり方があるか，クラスで話し合いなさい。

◆コラム⑧◆

「がんばります」は要注意
────────── ピンカートン曄子

　通訳をしている日本人の友人から電話がかかってきた。ある州政府から日豪友好関係の通訳の依頼が彼女にあったという。何年もこの種の通訳をしている彼女にとって，難しいことはない。早速，詳細を確認して I would try my best. と結んだメールを担当者に送った。すると返信があって，「あなたはこの仕事に対して自信がないのか」と聞かれた。

　日本人はいろいろな場面で「がんばります」と言う。これを英訳すると I will do/try my best になるが，英語の中で日本語と同じように使うと問題が起きる。上の例では，通訳者は当然「最善を尽くします」という日本的な謙遜表現を使ったつもりであって，「やってみなければわかりませんが，できる限りやってみましょう」という意味で言ったのではない。けれども，就職などで自信ある態度で自分を売り込むことが普通の英語圏社会では，日本的な「がんばってやらせていただききます」というのは，実力に自信がないのかと疑われてしまう。スポーツの選手から，芸能人，学生，災害地の被災者，イラクの自衛隊，政治家に至るまで，日本のテレビニュースを見ていて「がんばる」という言葉を聞かない日はない。ありとあらゆる場で使えるこの「がんばります」は日本語では便利だが，英訳はその場と目的に応じて考えなければならないから，通訳者にとっては迷惑である。上の例では，英語ネイティブだったら I am happy to accept this assignment. あるいは I look forward to working with you. とメールを結ぶだろう。

　これは，日本語の表現姿勢に影響された英語の例だが，英語に影響された日本語を使う例もある。英語ではよく unfortunately という言葉を使うが，日本語を学習しているオーストラリア人の学生が遅刻してクラスに入ってきて，「残念ながら，バスが遅れました」と言う。うーん，残念には違いないけれど…，日本人が聞くと，やはり洋服と靴が合っていないようなちぐはぐさを感じる。近年は，洋服と靴が合っていないほうが個性的でクールだということも言えるようだが，それはファッションのこと。通訳者は日本的な特徴の強い表現の訳に十分気をつけなければならない。

　それでは，がんばってください！

第10章　スピーチ全文実例
――Chapter 10.　Speech Samples

> **この章の目的**
> ①スピーチ全体の構成と流れを学ぶ。
> ②スピーチ全文を，各章で学んだ通訳技術を応用して通訳する練習をする。
> ③全文を使って通訳の実技演習をすることにより，現場でスピーチの通訳をするときの注意点を体験する。
> ④通訳のパフォーマンスについての評価，指摘を受けることにより，各自が今後の学習で発達すべきことを理解する。

注）スピーチの原文と訳例は見開きになっている。訳例は演習問題で行う評価のときに参考にするようにして，通訳をする前には目を通さないこと。掲載スピーチはCDに収録されている。

《スピーチ1》富山県とオレゴン州との友好提携締結レセプションにおける富山県知事のあいさつ（☆ *14*）

  注）このスピーチの一部は第1章の〈例1〉として取り上げたものである。以下はその全文である。

(1) 秋の結婚シーズンもたけなわとなっておりますが，本日，ブラウン知事をはじめオレゴン州の皆様をお迎えし，富山県とオレゴン州の友好提携締結調印式を滞りなく終えることができました。ここに，オレゴン州の皆様はじめ，ご来賓の皆様，そして県内各界の皆様方に心からお礼申し上げる次第であります。

(2) 本日の10月19日という日は，1781年にアメリカの独立戦争が終わった日でありまして，アメリカの自由で平和な国造りが始まった日であります。このような日に富山県とオレゴン州が友好提携を結び，本格的な友好交流を進めていくことになりましたことは極めて意義深いものがあります。

(3) ご承知のとおり，オレゴン州には四季のはっきりした気候風土があり，山岳や海岸など美しく豊かな自然があります。また，ハイテク産業など近代産業が数多く立地しております。さらに，何よりもオレゴニアンといわれます温かい人情や，豊かな生活環境に恵まれたたいへんすばらしい州であります。

(4) このような特徴を持つオレゴン州は富山県と多くの共通点があり，本県にとりまして最良のパートナーであると思っております。今後とも人的交流や経済交流をとおして，末永く親しくおつきあいしてまいりたいと思います。よろしくお願いいたします。

(5) おわりに，オレゴン州の限りないご発展と，ブラウン知事はじめオレゴン州の皆様，ならびに本日ご臨席の皆様方のご健勝とご活躍を祈念いたしまして，閉会のあいさつといたします。

《スピーチ1》訳例

(1) Autumn is the wedding season in Japan. A very special wedding took place here in Toyama today — a wedding between Toyama Prefecture and Oregon State. We have had a very successful ceremony with participation of guests from Oregon including Governor Brown. I would like to take this opportunity now to thank deeply the people of Oregon, guests from our own Prefecture and all present for making it possible to establish this sister-state relationship.

(2) Today, October 19th, also happens to be a very special day for America. It was on this day in 1781 that the American War of Independence was brought to an end, and America began to build itself into a nation of freedom and peace. It augurs well that Toyama and Oregon should be concluding a formal sister-state relationship on a day like this to promote further exchange.

(3) As some of you may know, Oregon has four distinct seasons and is endowed with great natural beauty such as mountains and beaches. It also has modern industry, with many high-tech companies located in the state. But perhaps, Oregon's biggest assets are its citizens — the generous, warm-hearted Oregonians — and the very comfortable living environment.

(4) Toyama shares many of these qualities and in that respect, we feel very strongly that Oregon is our best and ideal partner. We look forward to many years of friendly contact and exchange, including economic exchange as well as exchange of persons.

(5) I would like to conclude by wishing the State of Oregon a prosperous future, and happiness and good health to Governor Brown, the people of Oregon and everyone present today. Thank you very much.

《スピーチ 2》オークランド（ニュージーランド）の St Christopher 校と青葉学園の姉妹校提携 10 周年記念式典における，Norm Hamer 校長による歓迎のあいさつ（✿ *15*）

(1) Mayor of Auckland, Ms Susan Frost, Distinguished guests and students, I am honoured to be able to welcome you here on this special occasion to celebrate the 10th anniversary of the sister school relationship between Aoba Gakuen and St. Christopher College.

(2) For the past 10 years, almost 600 students and teachers from Auckland and Wakayama have travelled to the different culture across the ocean. I believe that there are not many international exchange programs which have made as meaningful and significant achievements as our program has.

(3) I would like to take this opportunity to pay my heartfelt respect to the Principal of Aoba Gakuen, Mr Takeda, and our former Principal, Mr John Smith. With great vision, they initiated our exchange program 10 years ago.

(4) Our exchange program is not only significant for enriching the lives of our youth but it also gives the opportunity to citizens of our communities to share our cultures, history, lifestyle and education.

(5) Congratulations to those who are responsible for preparing this week's busy itinerary for our visiting youth delegation. For now I ask that you join with me in warmly welcoming our visitors on this special occasion.

(6) All the best.

《スピーチ2》訳例

(1) フロスト市長をはじめご列席の皆様，学生の皆さん，青葉学園とセント・クリストファー校の姉妹校提携10周年を祝う記念すべき式典に皆さんをお迎えして今日ここに歓迎の言葉を述べますことは，私にとってこのうえもない光栄であります。
(2) 過去10年間にわたって和歌山とオークランドの600人にものぼる生徒諸君，先生方が海を渡ってそれぞれの文化圏を訪れ交流を行ってきました。これほど意義深く好成績を修めた学校間の交流活動は数少ないのではないかと思われます。
(3) 将来性豊かな，偉大なビジョンをもって10年前にこうした交流を始められた武田青葉学園校長とジョン・スミス前校長に心から敬意を表するものであります。
(4) このプログラムは，若者たちの生活意識をより豊かにすることにとどまらず，一般市民にとってもお互いの国の文化，歴史，生活様式，教育などを理解する機会を与えていることでも，たいへん意義あるものであります。
(5) 日本からの青少年一行のために充実したこの一週間のスケジュールを用意してくださった方々，本当にありがとうございました。本日，当カレッジにおける記念式典に日本からご参列いただきました皆様を，今一度心から歓迎申し上げます。
(6) 皆様のご健闘をお祈りいたします。

《スピーチ3》現地企業デンカオーストラリア社設立30周年を記念する式典における，石田本社社長によるスピーチ（✿ 16）
　　注）このスピーチの一部は第1章の〈例3〉として取り上げたものである。以下はその全文である。

(1) ビクトリア州首相ロバート・グレイ閣下，州工業大臣スティーブ・ベイカー様，日本総領事の渡辺様，FCAI会長のモーガン様ならびにご列席の皆様，
(2) 本日は私どもの30周年記念式典にご臨席賜り，ありがとうございます。私自身もこの式典に参列でき，皆様の日頃のご愛顧，ご支援に感謝申し上げることができ，光栄に存じます。
(3) デンカオーストラリアは1972年に創立され，現地法人として2番目，生産会社としては最初のオペレーションであり，デンカ国際事業のなかで顕著な存在にあります。デンカオーストラリアのビジネス，経済面での社会への貢献，とりわけ高性能で高品質の部品を通じ，オーストラリア自動車産業に貢献できたことは有意義であったと思います。
(4) 現在デンカグループは世界24か国に52の現地法人をもち，全世界で6万人が働いています。私どもの国際事業の展開にあたっては，生産会社としてのデンカオーストラリアから数々の経験とノウハウを学んでおり，他の生産会社にもその技術移転，物と人の現地化の仕方が反映されてきました。
(5) デンカグループは今後とも世界的に競争力のある車作りに貢献すべく，高い技術を提供し続けるとともに，更なる現地化の推進，モジュール化，システム化のための技術の集約，R&Dのいっそうの強化充実をはかりたいと思います。
(6) 政府関係者，お得意先，サプライヤーの方々，組合関係者，そして皆様方に30年のご愛顧，ご支援に感謝申し上げるとともに，今後もお互いに強固なパートナーシップが築かれることを心から期待しております。
(7) 皆様の末永いご多幸をお祈り申し上げ，私のあいさつとさせていただきます。ありがとうございました。

《スピーチ3》訳例

(1) Your Excellency Robert Grey, the Premier of the State of Victoria; Mr Steve Baker, the Industry Minister of the State of Victoria; Mr Watanabe, Consul-General of Japan in Melbourne; Mr Morgan, the President of FCAI; distinguished guests, ladies and gentlemen.

(2) I would like to thank you for your attendance today at our 30th commemoration ceremony. I am very pleased to be here with you as it gives me an opportunity to express in person our great appreciation for your support and assistance with Denca.

(3) Denca Australia was established in 1972. For Denca, Denca Australia is the second local entity to be set up abroad, and it is the first manufacturing operation abroad. As such, Denca Australia has a significant position in Denca's international business operation. I feel it has been quite worthwhile that we have been able to contribute to the Australian automotive industry, through economic influences onto the society, especially in the area of supplying high performance and high quality automotive parts.

(4) At present Denca Group has 52 local entities in 24 countries around the world, and employs 60,000 people worldwide. In our international business operation, we have learned much in terms of experience and know-how from Denca Australia as a manufacturing company. We were able to transfer its technology, and have been able to transpose how to localize its operations to other manufacturing companies in our Group.

(5) Denca Group would like to contribute to producing cars that are competitive in the world, would like to keep providing high technology, and we would like to promote further localization, integration of technology for modulized systematisation, and further enhance our R & D.

(6) I would like to thank the Government officials, our clients, suppliers and union officials and our guests who have all extended your kind attention and support for the last 30 years. I look forward to working together to maintain and even strengthen our partnership.

(7) I close by wishing you continued success and happiness. Thank you.

《スピーチ 4》バングラデシュ物産展開会式における，バングラデシュ貿易振興庁副総裁のあいさつ（✿ *17*）

(1) Mr President, Ladies and Gentlemen,
It gives me much pleasure to be here today on the occasion of the opening of the Bangladesh Exhibition. I would like to express my sincere thanks to JETRO for inviting me.

(2) In recent years, we have been able to achieve substantial progress in improving the quality of our export products, and this exhibition will provide Bangladeshi exporters an excellent opportunity to promote their products in the Japanese market.

(3) We are grateful to JETRO for their assistance, without which it would not have been possible for us to hold such an event here.

(4) I call upon our participating exporters to use this occasion fully to study the tastes and preferences of the Japanese consumers. I also urge the Japanese importers to compare and try our products with an open mind, and I am sure that both parties will benefit from the outcome.

(5) Let me also take this opportunity to thank the Ministry of Foreign Affairs and the Ministry of Economy, Trade and Industry for their generous support in organizing this Exhibition.

(6) It is my sincere hope that the close and warm relationship that exists between our two nations will continue to strengthen and flourish in the years to come. Thank you.

《スピーチ4》訳例

(1) 芝山JETRO副理事長ならびにご来場の皆様，
本日このバングラデシュ物産展の開会にあたり，ここに皆様と一堂に会することができ，たいへんうれしく思います。JETROには，お招きいただきましたことを心からお礼申し上げます。
(2) 近年我が国の輸出品は大幅な質的向上に成功しております。今回の物産展は，その意味でもバングラデシュの輸出業者にとって，彼らの商品を日本市場に売り込むためのすばらしい機会になることでしょう。
(3) この物産展はJETROのご支援がなければ実現しなかったもので，JETROの皆様には深く感謝しております。
(4) バングラデシュから参加している輸出業者には，この機会に日本の消費者の嗜好や好みをしっかりと学んでくるよう望み，また日本の輸入業の方々には，我が国の商品を先入観なしの「オープン・マインド」でご覧いただき，使ってみていただきたいと思います。それが我々双方の利益につながるものと確信しております。
(5) この場をお借りしまして，日本の外務省ならびに経済産業省にも，物産展開催へのご協力に対して，感謝の意を表するしだいであります。
(6) これからも，日本・バングラデシュ両国間の緊密な友好関係がいっそう強化され，豊かに育っていくことを祈念して，私のごあいさつとさせていただきます。ありがとうございました。

《スピーチ5》第5回 APEC 人材開発セミナーにおけるカナダ代表の冒頭発言（☆ 18）

(1) The Honorable Chairperson, Distinguished Delegates, Ladies and Gentlemen :
Let me begin by expressing my appreciation to our hosts. I wish to commend the APEC Secretariat and the Japan Productivity Center for their initiative in organizing the 5th APEC Human Resources Development Seminar.
(2) I am certain that the deliberations we have during this seminar will contribute in no small measure towards achieving sustained economic growth in APEC member economies.
(3) In the New Economy, human resources development emerges as an increasingly important element in meeting the challenges of rapid technological advancement. Lack of knowledge and skilled workers will hinder an economy from participating meaningfully in the global market.
(4) Canada started on the path of transition into the New Economy quite some time ago, and both the government and the private sector have been injecting a lot of money into human resources development programs. Workers are trained and re-trained continuously in order to get the skills they need to succeed in the 21st century workplace.
(5) Ladies and Gentlemen, there are both opportunities and challenges on the road ahead. While the New Economy has created new opportunities, access to these opportunities is critically dependent on the acquisition of knowledge and skills. As such, we employers and government officials must always remind ourselves that one of our primary challenges is equipping our workers with the tools they need in order to succeed.
(6) Therefore, we have much to learn from each other's experiences. I look forward to the discussion to follow and I now turn the floor over to my colleague, Howard Kelley, to give an overview of Human Resources Programs in Canada. Howard, the floor is yours.

《スピーチ5》訳例

(1) 議長，代表の皆さん，ご参集の皆さん，まず最初に主催者にお礼を申し上げます。APEC事務局ならびに日本生産性センターには，今回「第5回APEC人材開発セミナー」を率先して企画，ご準備いただきましたことに称賛の意を表したいと思います。

(2) 本セミナーでの討議検討が，APEC加盟国ならびに地域における持続的な経済成長の達成のために少なからぬ貢献をするものと確信しております。

(3) 新しい経済「ニュー・エコノミー」のもとでは，急速に進む技術革新の挑戦に応えていくうえで，人材開発がますます重要性を増しています。知識や技能労働者が不足すると，世界のグローバル市場に意味ある形で参加することができなくなるからです。

(4) カナダはニュー・エコノミーへの移行をもうすでにかなり前から始めており，政府・民間とも人材開発プログラムに相当の資金を投入してまいりました。働く者たちが21世紀の職場で生き残り成功を収められるよう，常に訓練そして再訓練をしています。

(5) 皆様，我々の前途には機会もあれば難しい挑戦もあります。ニュー・エコノミーは新しい機会を生み出してくれましたが，その機会をうまく手にできるかどうかは，ひとえに知識や技能の取得にかかっています。だからこそ，我々企業経営者や政府関係者は，まず第一に，働く者たちが必要とするツール，つまり技能や手段を身につけられるよう尽力しなければならないのです。

(6) したがって，我々お互いの経験から学べることがたくさんあるでしょう。その意味でも，この後のディスカッションを楽しみにしています。が，その前に同僚のハワード・ケリー君にカナダにおける人材開発プログラムについて概観を述べてもらいましょう。ハワード君，どうぞ。

《スピーチ6》名古屋に外資系企業を誘致するために,東京で開かれたセミナーでの名古屋市代表のあいさつ(✿ *19*)

(1) 名古屋市経済局長の川村康夫でございます。本日はご多忙のなか,皆様には「名古屋・外資系企業誘致セミナー」にご参加いただき,厚くお礼申し上げます。
(2) 当セミナーは,名古屋市,名古屋商工会議所,中部経済産業局が一体となり開催するものでございます。我が国に進出している外資系企業の75パーセントが集中するこの東京において,初めてこのようなセミナーを開催させていただくことになりました。
(3) さて,名古屋地域は日本の中央に位置し,東京,大阪とならぶ日本の3大経済圏の1つを形成しております。この地域は約400年前から中世以来の交通の要衝という利点を生かし,織物,陶磁器,木材産業などに代表される日本有数の商工業都市として発展してまいりました。
(4) そして,皆様よくご存知のトヨタ自動車,デンソー,ノリタケなど世界的に知名度の高い企業の本社のほか,工作機械,車両,断熱材など,多岐にわたり各分野のトップ企業多数の立地をみる現在に至っています。
(5) 国際空港をはじめ新幹線や高速道路網により,国内外の主要都市へもネットされており,東京まで新幹線で1時間半で行けます。このように交通至便な立地環境にありながら,東京,大阪に比べると,物価,オフィス賃料などは相対的に安く,事業展開上たいへん有利といえます。
(6) このセミナーにおいて,名古屋地域の産業技術集積の状況や投資環境など,その魅力をよくご理解いただき,日本における事業展開の際には名古屋をぜひとも有力な候補としてご検討いただきたいと思います。私ども地元関係機関が連携し,皆様方の支援をさせていただきます。
(7) 本日は3人のスピーカーの方々に名古屋の魅力をお話しいただきますので,よろしくお願い申し上げ,私のごあいさつとさせていただきます。Thank you very much.

《スピーチ6》訳例

(1) Ladies and Gentlemen, my name is Yasuo Kawamura, Director General of the Economic Affairs Bureau of the City of Nagoya. Thank you very much for taking the time out of your busy schedule to attend this seminar today.
(2) The seminar, entitled "Business Opportunities in Nagoya" is jointly hosted by the City of Nagoya, the Nagoya Chamber of Commerce and Industry, and the Chubu Bureau of Economy, Trade and Industry. We are pleased to host our first seminar of this kind in Tokyo, where 75% of foreign companies that come to Japan are now located.
(3) Ladies and Gentlemen, the Nagoya region is very centrally located in Japan, and together with Tokyo and Osaka, it comprises the so-called "Three Big Economic Zones" in Japan. The region has served as a transportation hub since the medieval period some 400 years ago, and flourished into a major commercial and industrial city of textile, ceramics and timber.
(4) And now, the region houses the head-offices of such world-famous companies as Toyota Motor Company, Denso Corporation and Noritake China. In addition, leading companies producing a wide range of goods such as machine tools, trains, insulating materials, etc. have also located their offices here.
(5) The region also has good, modern transportation links to cities in Japan as well as abroad. It has an international airport and also a network of freeways and the Shinkansen Bullet Train. It is only an hour-and-a-half from Tokyo on the Bullet Train — so conveniently located, and yet prices and office rentals are considerably cheaper than in Tokyo or Osaka. It is certainly an advantage when operating a business.
(6) I hope that through this seminar, you will learn about the attractive features of Nagoya such as its strong industrial base and favorable investment climate. If you are looking for a place to locate your business, please, do consider Nagoya as one of your very strong candidates. We, on our part, will be looking forward to serving you.
(7) We have three speakers today to tell you about Nagoya and all its attractive features. I'm sure you will enjoy their presentations. Thank you very much.

【演習問題】

[スピーチ1とスピーチ2]
(1) スピーチ全文に適宜スラッシュを入れて，スラッシュ・リーディングをしなさい。
(2) クラスワーク（注参照）：クラスメートがパラグラフごとに原稿を読んで，ノートテイキングをしてクラスの前で通訳をしなさい。
(3) クラスワーク：クラスで聞いている人は，上の（2）でやった通訳を，本章最終ページ（p.164）にある「通訳パフォーマンス評価表」を使って評価，コメントしなさい。
(4) 上の（2）で通訳をするとき同時に録音をしておいて，「通訳パフォーマンス評価表」と訳例を参考に自己評価して，それをクラスメートがした評価，コメントと比較しなさい。そのとき，通訳がよくなかった部分の原因について考えましょう。また上の（2）でとったノートテイキングについても検討しなさい。

注）クラスワークではCDを使わずにクラスメートがスピーチを読んでください（自習の人はCDを使ってください）。スピーチを読む人は，第2章の演習問題1で実習したことに注意して，また早口にならないように注意して読みなさい。スピーチを読む人も通訳をする人もクラスの正面に立って，実際に通訳をする状況でやってください。

[スピーチ3とスピーチ4]
(1) スピーチの原文を見ながら，ノートテイキングをしてみましょう。
(2) CDを聞いて，パラグラフごとにノートテイキングをして通訳しなさい。
(3) 上の（1）でやったノートと（2）でやったノートを比較検討しなさい。
(4) クラスワーク：クラスメートがパラグラフごとに原稿を読んで，ノートテイキングをしてクラスの前で通訳をしなさい。
(5) クラスワーク：クラスで聞いている人は，本章最終ページにある「通訳パフォーマンス評価表」を使って評価，コメントしなさい。
(6) 上の（4）で通訳をするとき同時に録音をしておいて，「通訳パフォーマンス評価表」と訳例を参考に自己評価して，それをクラスメートがした評価，コメントと比較しなさい。そのとき，通訳がよくなかった部分の原因について考えましょう。また上の（1）（2）（4）でとったノー

トテイキングを検討しなさい。
　注）クラスワークのやり方は「スピーチ1とスピーチ2」の演習の注を参照。

[スピーチ5とスピーチ6]
(1) CDを聞いて，パラグラフごとにノートテイキングをして通訳しなさい。
(2) クラスワーク：クラスメートがパラグラフごとに原稿を読んで，ノートテイキングをしてクラスの前で通訳をしなさい。
(3) クラスワーク：クラスで聞いている人は，本章最終ページにある「通訳パフォーマンス評価表」を使って評価，コメントしなさい。
(4) 上の（2）で通訳をするとき同時に録音しておいて，「通訳パフォーマンス評価表」と訳例を参考に自己評価して，それをクラスメートがした評価，コメントと比較しなさい。そのとき，通訳がよくなかった部分の原因について考えましょう。また上の（1）（2）でとったノートテイキングを検討し，さらに通訳との関連を比較，考察しなさい。
　注）クラスワークのやり方は「スピーチ1とスピーチ2」の演習の注を参照。

◆もっと練習をするために
・本書の第6章「英語のビジネススピーチ」に掲載されているスピーチも，本章の演習問題のやり方で通訳の練習に活用してください。
・各自がスピーチをつくって，あるいは市販のスピーチの参考書に掲載されているスピーチやテープ教材を使って，クラスで通訳の練習に利用するといいでしょう。インターネットも利用してスピーチを入手して練習に役立てましょう。
・通訳の講師にスピーチ原稿を用意してもらって，通訳の練習にあててください。

通訳パフォーマンス評価表

[1] 言語面（60％）
- SL（原文）の内容に忠実な通訳か（省略や追加があったか。内容によって省いても差し支えない種類の省略は対象にならない）
- スピーチされる場にふさわしい表現で通訳したか
- SLにひきずられないTL（訳語）
- 文構造上，聞いてわかりやすい通訳

＜まとめ＞正確で，その場にふさわしい表現で通訳したか
　　　　6 － 5.5 － 5 － 4.5 － 4 － 3.5 － 3 － 2.5 － 2

[2] 音声面（25％）
- 声が弱くなく，よく聞こえる
- 発音，アクセント，抑揚が正確で明瞭（英語ネイティブの場合，外来語が英語の発音でなく日本式に発音されているか）
- 適切な間（ポーズ）をおいた話し方をしたか
- 冗語（あのう，ええ，おお，uh, um など）や言い直しなどがない，流暢な話し方
- 話す速度が適切

＜まとめ＞聞き手にストレスを感じさせない，聞きやすい音声と話し方で通訳したか
　　　　2.5 － 2.3 － 2 － 1.8 － 1.5 － 1

[3] 身体言語（15％）
- 落ち着いた態度，スピーチの場にふさわしい顔の表情
- 顔をあげて聴衆とアイコンタクトを取っているか
- 身体の動き（立ち方，ノートの持ち方，その他）

＜まとめ＞好感が持てるか
　　　　1.5 － 1.3 － 1 － 0.8 － 0.5

合計点（10点満点）　　　　　　　　　点

付　録
Appendices

Ⅰ．グループ別語句リスト　…………………………………166
　　Grouped Words and Phrases

Ⅱ．英語ネイティブのための
　　　　式辞あいさつ語句の説明　………………181
　　Some Conventions and Linguistic Features of Japanese Formal Speech

Ⅲ．あいさつ表現と普通の言い方の対照表　……………187
　　Comparative List of Expressions in Formal Speech and Normal Speech

Ⅳ．漢字の読み方リスト　…………………………………195
　　List of *Kanji* Readings

付録I. グループ別語句リスト
Appendix I.　Grouped Words and Phrases

[1] 時・場面
　　Occasion
[2] 忙しいのに
　　Circumstances
[3] 出席
　　Attendance
[4] および
　　And
[5] 紹介
　　Introduction
[6] 代表して
　　Representing
[7] 歓迎する
　　To welcome
[8] 歓迎される
　　Being welcomed
[9] 招待される
　　Being invited
[10] 機会
　　 Opportunity
[11] 称賛
　　 Praise
[12] 協力・支援を受ける
　　 Being assisted
[13] 感謝・お礼
　　 Gratitude
[14] 喜び・光栄
　　 Delight and honour
[15] 発展・将来の展望
　　 Wishes for future
[16] 努力する
　　 To make an effort

[17] 希望・期待・祈念する
　　 To hope／wish／ask
[18] 結び
　　 Closing
[19] あいさつする
　　 To address
[20] 訪問
　　 Visit
[21] 滞在
　　 Stay
[22] 友好関係
　　 Friendly relationship
[23] 交流・理解
　　 Exchange and understanding
[24] 姉妹県 (州)／都市関係
　　 Sister state／city relationships
[25] 式典
　　 Ceremonies
[26] 晩餐会・その他パーティー
　　 Parties and other functions
[27] 乾杯
　　 Proposing a toast
[28] 贈与
　　 Gift giving
[29] 青少年
　　 Youth
[30] 教示
　　 Learning
[31] 訪問の成果
　　 Expected result from the visit
[32] 健康・幸せを祈る
　　 To wish for health and happiness

[33] お別れ
　　　Farewell
[34] 会議
　　　Conferences
[35] お悔やみ
　　　Condolences

注）日本語と英語は同じ場面で対応するための訳であって，対訳ではない。

[1] 時・場面：Occasion

本日は・この度は・本日こうして
今回の訪問につきましては
開会に＋あたり／先立ち
〜にのぞみ
ここで・ここに
この場／席＋を借りまして
on the occasion of the closing／opening＋of this
before this ... commences
to take this opportunity to
Let me begin by expressing

[2] 忙しいのに：Circumstances

お忙しい＋なか／ところ・ご多忙中・ご多忙にもかかわらず
貴重な時間を割いてくださり
making your valuable time available to us
giving up／offering＋your precious time
sparing／taking the time out of＋your busy schedule

[3] 出席：Attendance

（わざわざ）お集まり／お越し＋いただく
遠路はるばる
ご出席・ご列席・ご参列・ご参会・ご参集・ご臨席・ご同席＋いただく／賜る
大勢のご出席・各位多数のご参列
来賓各位におかれましては，ご多忙のところご参列いただきまして
your attendance・outstanding attendance
attendance and support
all the guests present
distinguished guests

[4] および：And

〜様をはじめ
ならびに・および・かつ

[5] 紹介：Introduction

ご紹介＋いたします／申し上げます／させていただきます
(ただいま) ご紹介＋にあずかりました／いただきました
ご親切な・ご丁重な・すばらしい・身に余る＋ご紹介
I am pleased (to be able) to introduce
It is my great honour to introduce
Let me introduce the mission leader Mr ... to say a few words
I am humbled by
kind・kind words of・generous・gracious＋introduction

[6] 代表して：Representing

市民一同・従業員ともども
〜を代表いたしまして
〜に代わって／に (なり) 代わりまして
all the staff
on behalf of・standing in for・in place of

[7] 歓迎する：To welcome

ようこそ おいで／お越し＋くださいました
遠路はるばるおいでいただき
心から歓迎／心よりの歓迎を＋申し上げます
心から歓迎のごあいさつを申し上げます
to extend our warm／sincere／special／hearty／cordial＋welcome
to have the opportunity to welcome
to wish you a very warm welcome
It is a pleasure／privilege／honour (for me)＋to welcome
I have／take (much) pleasure in welcoming you

[8] 歓迎／世話を受ける：Being welcomed／hosted

温かくお迎えくださいまして
温かい／心のこもった＋歓迎に接し
歓迎のお言葉を賜り
快くお受け入れ／快諾＋くださいまして

いろいろとお世話になり
kind・tremendous・wonderful・warm＋hospitality
to receive／accept＋this delegation
to facilitate this visit
looking after us
having us

[9] 招待される：Being invited

ご招待／お招き＋いただく
お招き＋にあずかる／を受ける
〜を催していただく
for preparing this welcome party for us
to have been invited to share with you this wonderful evening
to have been invited to address this seminar
I'm very glad to be here on this special occasion to

[10] 機会：Opportunity

このような機会を＋得／与えてくださり
これを＋契機に／機会に
to give us／to have＋the opportunity to
I would like to take this opportunity to

[11] 称賛：Praise

優れた・進んだ・卓越した（活動）・顕著な（プログラム）・手厚い（福祉）
重要な地位を占める・世界に類を見ない・立派な（業績）・真摯な態度と熱情
たゆみない努力の成果・ご努力の結晶
称賛する／称える＋ものであります
称賛の意を表します
深く敬意を表するものであります
深く感銘いたしました
大きな感動／新たな感動＋を受けました
outstanding・excellent・advanced・much praised・of high standard・world-renowned／famous・the outcome of strenuous efforts
I would like to congratulate／compliment／pay my compliments＋on
May I congratulate you on
We commend your excellent work
We have great admiration for your work
We visited ..., admiring
We were deeply impressed with

Much of the credit for this goes to

[12] 協力・支援を受ける：Being assisted

ご協力・ご尽力・お力添え・ご支援・ご助力・ご配慮・ご高配・お骨折り
温かい励まし・細やかな心遣い・格別なご好意・日頃のご愛顧・ご厚情
ご理解とご協力をいただき
kind assistance・generous／strong support・cooperation・attention・initiative
supportive・helpful・cooperative
the outcome of everyone's efforts
to have shown／taken＋a great interest in
to have paid a special attention
We are indebted to the support we continue to receive

[13] 感謝・お礼：Gratitude

お陰をもちまして・お蔭様で
（まことに）ありがとうございます
（心から）お礼／感謝＋申し上げます
（衷心より）／（厚く）（ありがたく）お礼申し上げます
皆様のご厚情に対し，（重ねて）お礼申し上げます
お礼／感謝＋のことばを述べさせていただきます
感謝／感謝の意／気持ち＋を捧げたいと思います
謝辞に＋かえるしだいです／かえさせていただきます
I deeply appreciate
I am particularly grateful
I wish to say a word of thanks
I would like to express my sincere gratitude
May I take this opportunity to thank
My special thanks（must）go to

[14] 喜び・光栄：Delight and honour

うれしく思います
喜びとする＋ところです／ところであります
（まことに）喜ばしい＋限りです／限りであります
光栄の至り・このうえない光栄・身に余る光栄
光栄に＋存じます／存じております／存ずるしだいです
栄誉をお与えいただき
名誉に思うしだいです
I am glad／pleased／delighted／privileged／honoured to

It gives me pleasure
It is with great pleasure
It is a pleasure and privilege
It is an honour
I am proud of
I take (a) pride in

[15] 発展・将来の展望：Wishes for future

今後の・益々の・なおいっそうの・限りない・さらなる＋発展と繁栄
さらに発展する・活発化する・飛躍的に伸びる・成功に導く・活躍する
事業の拡大
いっそうの＋強化，充実をはかる
実を結ぶ
夢を実現する
over the coming years・in the years ahead・for the future・on the road ahead
a further progress／development・a greater cooperation・prosperous future
expansion of business activities
for the sake of nations' prosperity
to continue to flourish and grow
to wish for a bright future／a successful future
to encourage and cultivate our friendship
to share our common aspirations
to grow dynamically
to achieve sustained economic growth

[16] 努力する：To make an effort

いっそうの努力をする・努力を重ねる・日々尽力する・力を注ぐ・まいしんする
最大の努力を＋する／はらう（所存です）
努力を惜しまない
精いっぱい／全力をあげて＋努力する覚悟です
一生懸命がんばる
最善／ベスト＋を尽くす
continued efforts・painstaking efforts
We are prepared to
We will make great efforts／every effort
We will further endeavour to
We will work hard／harder
We will do our best we can

Every effort will be made to ensure
We will make sure that

[17] 希望・期待・祈念する：To hope／wish／ask

（〜のほど）（切に）お願い＋いたします／申し上げます／申し上げるしだいです
願って／念じて／望んで／期待して＋やみません
（心から）期待／希望／要望／念願＋いたします／しております
（堅く）信じます・確信します
祈って／お祈りして＋おります
お祈り／祈念＋いたします
〜れば幸いと存じます
I hope
It is my hope
I wish to express my earnest hope
I trust／strongly believe
I am certain
I have great confidence／have no doubt
I look forward to
I wish to ask you

[18] 結び：Closing

これをもちまして・これをもって・ここに
おわりに（あたり）
最後に（なりましたが）
以上（甚だ）簡単でございますが
my speech・my remarks・my comments・my greetings
I (shall) conclude／end／close
Can／May I conclude
In closing／conclusion,
I close by wishing you

[19] あいさつする：To address

（〜を代表いたしまして）一言ごあいさつを申し上げます
大勢の方々の前でごあいさつさせていただき
私のあいさつと＋いたします／させていただきます
（お礼の）あいさつに＋かえさせていただきます／かえるしだいです
in the presence of distinguished guests
to extend to you our greetings

to say a few words on the occasion of
to be able to address this gathering of
to have been invited to＋address this seminar／speak to you about

[20] 訪問：Visit

表敬訪問・公式訪問・企業訪問・企業視察
この度の／今回の＋訪問
訪れる・訪問する・伺う・お邪魔する
お目にかかる・ご会見いただく
courtesy calls・official visit・reciprocal visit・technical visit
on this visit
to pay a visit to
to return our visit
to facilitate our visit
We have made this visit
We are visiting your

[21] 滞在：Stay

楽しい・有意義な・実のりある・思い出深い＋滞在
楽しい＋一日／一時をお過ごしください
皆様の滞在が有意義なものであるよう祈念します
to have a most enjoyable time
to have both an enjoyable and meaningful＋visit／day／stay
to prove to be most memorable
I hope that your visit will be a fruitful one
Enjoy your visit／stay

[22] 友好関係：Friendly relationship

ゆるぎない／密接な／緊密な＋友好関係・末長い／親しい＋お付き合い・最良
　のパートナー
強固なパートナーシップを築く
深い＋つながり／結びつき・友好の絆・絆を育む
友好親善を＋図る／増進する
友好親善が＋深まる／益々発展する
friendly／warm／close／special／fraternal＋relationship
bi-lateral relations・friendship and goodwill
the close and warm relationship that exists between our two nations
best and ideal partner
cultural and social links

economic integration
long cherished business relationship
to strengthen／develop the lasting bonds
to structure strong partnership
to promote／further／foster／enhance

[23] 交流・理解：Exchange and understanding

人的，文化的な交流
双方の異なる文化
交流／交歓＋を通じて
相互理解を図る
交流を＋持つ／する／くり広げる
交流がますます＋発展する／活発になる
お互いに語り合う場をもつ
to organize／arrange／prepare＋a discussion meeting
international exchange program
cultural／educational＋exchange
greater interaction
fruitful discussions are generated
to exchange views
to gain a mutual benefit
to develop mutual understanding／a wider vision
to lead to a better／deeper＋understanding
We have much to learn from each other's experience

[24] 姉妹県（州）／都市関係：Sister state／city relationships

姉妹都市／姉妹校＋提携／締結
友好提携締結の調印をする
姉妹県提携3周年を祝う
Sister City＋Agreement／Affiliation
X-Prefecture is affiliated to Y-State
the friendship agreement was formally instituted
to conclude／establish＋a sister-state relationship
to finalize the establishment of the sister city
to commemorate the third anniversary of our sister school relations
a ceremony to mark the signing of this sister city relationship

[25] 式典：Ceremonies

式典・儀式・祝典・祝賀会・披露式典・除幕式・記念行事

創立／提携／調印／創業＋30周年記念祝賀式
贈呈記念式典
(新会社) 設立／開設／開店＋披露式典
建設工事落成式・起工式・地鎮祭
記念碑
式を＋挙げる／挙行する
祝賀会を＋催す／行う／実施する
〜年目の記念日を迎える
祝う・祝賀する・記念する
お祝いの言葉を／お祝い＋申し上げる
お祝いの言葉を／祝辞を＋述べる
(かくも) 盛大な・盛況な
記念すべき／晴れやかな＋式典

celebration・commemoration・ceremonial・observance
anniversary・building dedication・official launch・official opening・memorial gathering・ground breaking ceremony・civic reception・unveiling ceremony
a ceremony to celebrate the establishment／completion＋of
in celebration of
to celebrate／congratulate／commemorate／mark／host／rejoice
to say a few words of congratulations on
to extend／offer＋my congratulations on
this ceremonial／special／joyful／a festive＋occasion
a happy event

[26] 晩餐会・その他のパーティー：Parties and functions

晩餐会・宴会・バンケット・昼食会・夕食会・懇談会・懇親会・親睦会・交流交歓会・レセプション・送別会
盛大な会・華やかな／すばらしい＋パーティー
席を／本席を＋設ける
〜主催（レセプション）
開いて／催して／おもてなしを＋いただく
親睦を深める・歓談する・交歓する・有意義な一時を過ごす
お楽しみ／ゆっくりとおくつろぎ＋いただきたいと思います
厚い／心のこもった＋おもてなし

dinner party・(state) banquet・luncheon・(civic) reception・function・friendship (dinner) party・farewell party
wonderful／splendid／heart warming＋party (jointly) hosted by
to host／hold＋a party for us
your kind hospitality／invitation

to know each other
to enjoy the company
to strengthen our friendship

[27] 乾杯：Proposing a toast

乾杯のご発声をお願いします
僭越ではございますが，乾杯の音頭を取らせていただきます
今後ますますの発展・友情と繁栄・〜の健康
〜を祝って／祝して，乾杯！
ご健勝とご活躍をお祈りして
前途を祝福して
I would like to propose／call for＋a toast to
Here's to
Let's drink／toast＋to
Raise your glass to
Will you please be upstanding and drink, with me, a toast to
Ladies and Gentlemen, I invite all of you to join me in a toast to
Cheers!
to the health and prosperity of all present
to our lasting friendship
to our future
to our host

[28] 贈与：Gift giving

〜の記念に・〜を記念して・(お世話になった) お礼に
ご厚情／ご助力／お力添え／(多大なる) 貢献＋に対し
感謝／尊敬＋の気持ちをこめて
心ばかりの・ささやかな・形ばかりの・ささやかではありますが
記念 (の) 品・感謝の品・お祝いの品・贈り物・感謝状
贈ります／贈りたいと思います
お贈り＋します／いたします
贈呈＋します／いたします
受け取っていただきたいと思います
心のこもった贈り物・貴重な品物
いつまでも大切にする
as a (small) token of
in commemoration of
in acknowledgment／appreciation＋of
to show our appreciation

to pay my heartfelt respect to
esteem・great／valuable＋contribution
small gift／token／memento
certificate・citation・award
I have a pleasure in presenting
I have the great pleasure of presenting
It is a real pleasure to present
I would like you to have／accept
I hope you accept
I shall cherish／treasure
generous／wonderful／precious＋gift

[29] 青少年：Youth

青少年友好親善訪問・青少年の相互交流・青少年活動
明日の世界を／未来を＋担う青年たち
高い理想と情熱を持った青年たち
貴国と日本の青年との交流が活発になる
大いに＋期待したいと思う／がんばってください
諸君のご奮闘を期待している
the youth・young people
youth activities
the leaders of tomorrow
to promote youth exchange
to enrich the lives of our youth
to bring the youth of Japan and your country closer together
All the best
Good luck

[30] 教示：Learning

〜の現状／実状／諸事情＋について
〜という（重要）課題に取り組む
お話を＋伺う／賜る
よろしくご教示／ご指導／ご鞭撻＋くださいますよう，お願いいたします
お導きのほど，お願い申し上げます
有益な＋お話／経験
多大な効果を得る
大いに学ぶところがある
知識／国際的視野＋を広める
認識を深める

（豊かな）国際感覚を培う
on the subject of
to address the (vital) issue of
to hold discussions
We have come here wishing to learn about
We are visiting your ... today to learn about／find out
We would be most grateful to be able to learn
We have made this visit to increase our understanding
We look forward to learning from you
informative・useful・fruitful・beneficial・instructive
to benefit from this discussion
to broaden／deepen＋our understanding
to broaden／foster＋our international perspective

[31] 訪問の成果：Expected result from the visit

有意義な／実のりある＋一日
貴重な／有益な＋体験を得る
身をもって／身近に＋体験する
多大な成果を得る
国際的視野を広める
世界平和に／国際ビジネスに寄与する
〜を契機に・この経験を生かして
今後の向上／活動／発展＋に役立てる
fulfilling・worthwhile・beneficial・productive・fruitful・meaningful・profitable・enjoyable and rewarding
day・visit・experience
to gain satisfaction and fulfillment
to prove to be interesting
to make meaningful and significant achievements
to broaden our international perspective
to contribute to＋world peace／international business
to make full use of our＋visit／experience

[32] 健康・幸せを祈る：To wish for health and happiness

（末長い）お幸せ・ご多幸・ご健康・ご健勝・益々の発展・ご活躍・大きな成功をおさめる
心からお祈りします
祈念＋します／いたします／いたしております
願います／願っております／願ってやみません

every happiness・good health・great achievement
We wish you to enjoy＋the best of health／continued health and happiness
We wish you＋the very best／good luck
All the best
Good luck

[33] お別れ：Farewell

お別れにあたり
お別れの＋言葉／あいさつ
別れを告げる
すばらしい／生涯忘れることのできない＋思い出
心に生き続ける・思い出にのこる
貴重な／有益な／何物にもかえ難い＋体験を得る
末長いお付き合い
再びお会いできる日
〜への安全な旅を祈る

to say goodbye
to bid farewell
to say a few parting words
(many) happy／wonderful／fond／enduring＋memories
happy memories will long remain in our heart
to take back these happy memories with us to
until we meet again
We look forward to meeting you again
We wish you a safe trip back to
Good wishes and safe return

[34] 会議：Conferences

会議・大会・学会
開催地・参加者・代表者
謝辞・感謝の言葉・祝辞・お祝いの言葉・歓迎の＋辞／言葉・閉会の＋辞／言葉
主催する・会を開く
開会／閉会＋を宣言する
スピーチ／演説／講演／お話／発表＋をする
ご清聴をお願いします
ご清聴ありがとうございました
conference・convention・congress・academic conference
venue・site・participants・delegates

address of thanks・congratulatory address・address of welcome・opening/closing+speech
to convene/host
to declare this meeting open/closed
to make/deliver+a speech
to give/deliver/present+a paper
May I have your attention
Thank you for your kind attention

[35] お悔やみ：Condolences

葬儀・葬式・故人
突然の訃報に接し，悲しみに堪えません
心からお悔やみ申し上げます
謹んで追悼／哀悼＋の意を表します
安らかな冥福をお祈り申し上げます
今は亡き〜様のご霊前にお別れの言葉を＋申し上げます／捧げます
1分間の黙禱を捧げましょう
funeral・memorial gathering・the deceased
[Name of the person] who has passed away/has departed/is no longer with us
We regret to announce that
I would like to extend my sympathy to
I would like to offer my deep/sincere condolences on
It is with deep regret and sincerest sympathy that
We mourn the passing of
I ask you to observe one minute's silence

付録 II. 英語ネイティブのための式辞あいさつ語句の説明

Appendix II. Some Conventions and Linguistic Features of Japanese Formal Speech

Part 1. Some conventions of Japanese formal speech

Addressing guests

There is no custom of commencing a speech by addressing special guests. If one wants to specifically address a guest, it is often done for example in conjunction with expressing thanks to participants during the speech as follows；本日は，総領事をはじめ多くの方々にご出席いただき，まことにありがとうございます。

However, some speakers follow the English protocol, and open the speech in Japanese by mentioning the honoured guests before embarking on the speaker's theme. In this case, the name of most important/representative guest is mentioned first followed by はじめ。(Example：[名前] 様はじめ，お集まりの皆様)

When being introduced as a speaker

In Japanese speeches the guest speaker, despite having been introduced by the chairman or host often begins his speech by introducing himself again.（Example：私は，[団体名] 団長の [名前] と申します。）The interpreter could ignore any repetition of his/her name, and say for example 'thank you for your kind introduction'.

Thanking audience for making time

Japanese speech starts with thanking people for coming adding invariably 'even though they are busy'. The phrases used are お忙しいなか，お忙しいところ，ご多忙中，ご多忙中にもかかわらず。(Example：本日は，お忙しいところおいでいただきまして，ありがとうございます。) Instead of referring to the person as being busy, it is better to use different expression such as：'Thank you for giving up your valuable time to attend this function', 'Thank you for offering us your precious time', and 'Thank you for making time'.

Thanking guests from overseas for coming

When thanking guests from foreign countries, an expression 遠路はるばるお越しくださいまして，ありがとうございます is most likely used. The literal translation of 遠路はるばる is 'all the way from a distant country'. An expression like 'We are most pleased to welcome you to Japan' may be appropriate when interpreting.

Opening of a speech

Often the opening sentence of a speech is concluded with the expression 一言ごあいさつ申し上げます。(Example：団員を代表しまして，皆様に一言ごあいさつ申し上げます。) An appropriate translation for such an expression would be, 'I would like to say a few words on behalf of the group'.

A set expression for concluding a speech

You will often hear at the end of the speech a phrase like, 以上，簡単ではございますが，これをもちましてお礼のあいさつにかえさせていただきます。You may interpret such remarks as 'May I conclude my speech by thanking you all again'.

Seeking 'cooperation' of the host

You will often hear the Japanese thank the host/the other party for extending 協力, in which case appropriate English equivalents may be 'support', 'assistance', 'kind arrangement' etc. rather than the direct translation 'cooperation'. (Example：今後いっそうのご協力をお願いいたします。)

Looking forward to the host's guidance

Another expression that Japanese frequently include in a speech is a statement of 'wishing to learn' from their visits to institutions, organizations or even a city. The phrases used are, ご指導いただく，ご教示賜る，ご参考にさせていただく, etc. as in よろしくご指導くださるよう，お願い申し上げます。(We look forward to learning from you/We would be grateful for any information and advice that you can give us.)

A versatile phrase 'Yoroshiku'

A familiar phrase of よろしくお願いいたします is also frequently used in Japanese speech. While in our ordinary speech よろしくお願いします usually means 'Thank you', it means many things in formal speech depending on the situation and it must be interpreted appropriately. For instance, statements seeking cooperation or guidance as explained above can be simply expressed どうぞよろしくお願いいたします。An appropriate translation may be 'We would appreciate any information you may give us,' or 'We look forward to this session with you'.

Expressions of modesty

No doubt readers are familiar with Japanese like 何もございませんが used when offering food and drinks, or つまらないものですが when offering a gift. These phrases to express modesty occur also in formal speech. A similar example to emphasize modesty is, 僭越ではございますが, which literally means 'please excuse me for being presumptuous'. (Example：僭越ではございますが、一言ごあいさつ申し上げます) It will be best interpreted 'I am greatly honoured to say a few words'.

Part 2. Linguistic features

The most prominent linguistic features of *shikiji-aisatsu* will be (1) the use of conventional expressions, and (2) the extensive use of of Honorifics (敬語). It goes without saying that Respectful Speech (尊敬語) and Humble Speech (謙譲語) in *keigo* must be correctly distinguished. In Japanese formal speech, Humble Speech expressions are used more predominantly than Respectful Speech expressions. Hence, it is more common to hear (皆様に) 教えていただいたことを，これからの活動に生かしたいと思います rather than (皆様が) 教えてくださったことを，これからの活動に生かしたいと思います。

To clarify the different levels of Honorific expressions used in *shikiji-aisatsu*, we have grouped speeches into three levels as shown below. Given the fact that even some native English speakers with excellent Japanese in general speech find the use of Honorifics at high level difficult, native speakers of English are advised to use Level 1 for their active use (i.e., interpreting from English into Japanese) until they achieve a full command of Honorifics at higher level, so that their Japanese sounds natural and easy to listen to. This, however, does not mean that they need not to learn Level 2 and 3 expressions. They will still need to comprehend them in order to be able to interpret what is said in Japanese into English, which is called a passive use.

The following two examples show how a speech is typically constructed in three levels.
- Level 1   Standard polite speech
- Level 2   Very polite speech
- Level 3   Extra polite formal speech

Example 1.
Level 1   よろしくお願いします。
Level 2   どうぞよろしくお願いいたします。

Level 3　　何とぞよろしくお願い申し上げます。

Example 2.
Level 1　　歓迎の言葉をいただいて，光栄に思います。
Level 2　　歓迎のお言葉をいただき，光栄に存じます。
Level 3　　歓迎のお言葉を賜り，光栄に存ずるしだいであります。

(See Honorifics in Appendix 3. Comparative List of Expressions in Formal Speech and Normal Speech)

And

In listing names of guests in an address, そして or それから are not appropriate. ［名前］をはじめ，並びに or および should be used instead. (Example：［名前］会長をはじめ，来賓の皆様，ならびに会員の皆様)　Note that かつ, another 'and' cannot be used for connecting nouns. (Example：楽しく，かつ有意義な一日をお過ごしください。)

～にあたり，～につきましては，～に先立ち

These words refer to time, location or event. Consequently varied English translations are possible: 'at', 'for', 'on the occasion of', 'as to', 'in relation to', etc. (Example：(1) 開会にあたり，一言ごあいさつ申し上げます。(2) 今回の訪問につきましては，市議会の皆様から多大なご協力をいただきました。) Also, ～に先立ち which literally means 'prior to' is used for an opening remark at a gathering. 開会にあたり in the above example (1) can be replaced with 開会に先立ち.

～におきましては，～におかれましては

These are used in reference to a person or persons to whom the speaker wishes to draw special attention. Hence, we have a statement like ［名前］理事におかれましては，この様な懇談会の機会をおつくりくださいましたことを，心からお礼申し上げます。

***na* adjective**

なる is often replaced by the suffix *na* of some *na* adjectives. Hence, 絶大なる，多大なる，盛大なる etc. (Example：かくも盛大なる歓迎会を設けていただき，心より感謝申し上げます。)

～すべき＋noun

The old form of しなければならない is すべきである. Hence, when followed by noun, it will be ～すべき＋noun. (Example：記念すべき日)

ぬ as negative ending form ない

The negative ending form ない in old form is ぬ。 In formal speech this old form is often used in combination with noun as in 末長く変わらぬお付き合い。

'Sincerely', 'deeply', 'cordially' etc.

There are certain Japanese equivalents which are repeatedly used in formal speech such as 心より，厚く，重ねて。 Note that とても or 本当に are not appropriate for use in formal speech.

私ども，私たち，我々

The 私 in formal situation should always be pronounced わたくし, not わたし, whereas 私たち and 私ども are pronounced わたしたち and わたしども respectively. 私ども is used as a humble expression (Example：本日はお忙しいところ，私どものためにお集まりいただき，ありがとうございます。) However, it is not appropriate for, say, members of a youth group to humble themselves, and therefore 私たち is usually used. (Example：私たち青年海外派遣団一行) 我々, the formal form of 私たち, implies more equal standing than 私ども. (Example：閉会にあたり，我々の友好関係がますます深まりますようお祈りいたします。) However, female groups or speakers will be more likely to use 私たち rather than 我々, as 私たち sounds softer. Also note 我が社 (also 弊社, 小社), 我が校，我が国。

限り，極み，このうえない

These words refer to the "utmost state", usually used to express feelings of happiness and being honoured. Examples are 喜ばしい限り，このうえない喜び，光栄の極み which may perhaps be best translated 'extremely pleased/honoured/touched'.

〜してやみません，〜にたえません

These expressions are used for emphasis in formal speech. Examples are 今後の発展を望んでやみません or 感謝の念にたえません。 The equivalent English translations may be adverbs such as 'extremely', 'strongly', 'absolutely', 'indeed', 'truly', etc.

〜の意を表します

歓迎の意を表します, for instance, is an elaborate way of saying 歓迎します。 意を表します is also used with words like 感謝 (gratitude) and 遺憾 (regret).

At＋(place)：にて，において，における

The location particle で is often replaced with にて or において in formal speech. They can be used interchangeably. (Examples：(1) 私どもの工芸品の展示会が金沢市にて開かれることは，まことに光栄でございます。(2) この度，第5回青少年スポーツ大会が，ニュージーランドにおいて開催される運びとなりました。) にて or において can also take the form of におきまして．(place)＋での＋noun, in normal speech can be likewise replaced with において in formal speech. (Example：私たち一行は，御市における福祉活動を研修する目的で訪問いたしました。)

～ております

The ています form is usually replaced by ております; e.g. 思っております instead of 思っています。

The use of the *masu* ending form within a sentence

This occurs for the sake of politeness. An example of this is 両国の友好が今後ますます発展しますことを望んでおります。

Omission of ～まして

Instead of *te*-form as in ご招待いただきまして，a shortened form of ご招待いただき is used. Hence, お会いする機会を得, instead of お会いする機会を得まして．Note that くださり is the shortened form of くださいまして．くださります is an old style of くださいます and this form is still alive in formal speech. (Example: この度の訪問を快くお受けくださり，まことにありがとうございます。)

～であります，～でございます，～とするところであります

～であります and ～でございます are often used instead of です．(Example: 光栄であります，光栄でございます) Another variation, ～とするところであります, is also used. (Example: 喜びとするところであります) Interpreter should use です in place of these expressions.

存じます，存ずるしだいです

存じます is a polite form of 思います．(Example：乾杯したいと存じます or 光栄に存じます or まことに喜ばしく存じます) Note that 存じる is sometimes followed by しだいです．When 存じる is followed by しだい the verb changes to 存ずる．(Example: 今後とも，いっそうの努力をしてまいりたいと存ずるしだいであります) Furthermore, 存ずるしだいです can be replaced with 所存です／所存であります．(Example：今後とも，いっそうの努力をしてまいる所存であります)

付録 III. あいさつ表現と普通の言い方の対照表
Appendix III.　Comparative List of Expressions in Formal Speech and Normal Speech

This list of frequently used words and expressions in speech has been provided to help the reader understand what are considered "normal speech" expressions and to indicate their counterpart in "formal speech". The comparative expressions are not intended to apply to all situations, but are intended to indicate the basic differences.

As a rule, verb phrases are presented in dictionary forms. However, the *desu* and *masu* forms are used where considered to be more appropriate.

Normal Speech Expressions	Formal Speech Expressions
Person　人称	
私たち	私ども，我々
私たちの国	我が国
あなた（たち）の国	貴国
私たちの学校	我が校，私どもの学校
あなた（たち）の学校	貴校
私（たち）の会社	我が社，私どもの会社，当社，弊社
あなた（たち）の会社	御社，貴社
皆さん	皆様（方）
関係者の皆さん	関係者の皆様，関係者各位
誰でも	どなたも，どなた様も
若い人（たち）	青少年，若人
お集まりの皆さん	ご列席／ご参会／ご参集の皆様方
全員	一同，ご一同
グループの人々	一行，ご一行（様）
ひとりひとり	各位（例：来賓各位におかれましては）
Time　時	
今日	本日
今夜	今夕，今宵（パーティーの席で）
きのう	昨日

おととい	一昨日
あした	明日
あさって	明後日
あしたの朝	明朝
あしたの晩	明晩
きのうの晩	昨晩
このあいだ	先日，過日
今年	本年，今年
去年	昨年
現在，今の時代	今日(こんにち)
今	ただ今
今から	ただ今より，これより
今度	この度，このほど
今度の	この度の，今回の
前の	前回の，以前の
前に	以前，かつて
さっき	さきほど
あとで	のちほど
もう一度	今一度，再び
いつも	常に，常日頃
〜の前に	〜に先立ち（例：開会に先立ち）
これからも	今後も，今後とも
これから先いつまでも	末永く（例：末永いお付き合い）
これから先長く	末長く
今後，将来	前途（例：前途を祝う，輝かしい前途）
〜の時に	〜の折り，〜の際，〜にあたり
もうすぐ	間もなく
すぐに，たちまち（時間がたつ）	またたく間に
はやく（する）	すみやかに
この間(あいだ)に	この間(かん)
一定の時間	ひととき（例：楽しいひととき）
大切な時間を使って	貴重な時間を割いて
（終わる）時間になるまで	時間の許すかぎり

Modifiers 1　修飾語句 1

たいへん，とても	深く，厚く，大いに
もう一度（感謝する）	重ねて，重ね重ね

たいへんお世話になる	一方ならぬお世話になる
本当に，たいへん	まことに
十分すぎる	身に余る，過分なる
十分に（楽しむ，パーティーなど）	心ゆくまで（お楽しみください）
心から	心より，衷心より
少し，多少	わずか，少々，若干
小さい,簡単な(贈り物,パーティー)	ささやかな，心ばかりの，形ばかりの
十分な力はないけれども	微力ながら
どんどん，もっと	さらに,ますます,いっそう,なおいっそう
最高の，最大の	このうえない（例：このうえない喜び）
全部	すべて，あらゆる
全く，完全に	ひとえに(例：ひとえに皆様のお陰です)
もともと，本当は	本来，元来
多くの	多数の，数多くの
少しでも	わずかなりとも
この（場所）	当地，当（例：当シカゴ），御地
ここで，この機会に	この場をお借りして，この機に
それから，そのうえ	さらに
結果として	ひいては
どんな	いかなる（例：いかなる努力）
どんな〜であっても	いかなる〜であろうとも （例：いかなる状況であろうとも）

Modifiers 2　修飾語句 2

いい	よい
たくさんの，多くの，大きな	多大な（る），絶大な（る）
立派な,すばらしい(会合，パーティー)	盛大な（る）
大切な，価値のある	貴重な（例：貴重な体験）
親切な（紹介）	丁重な
特別な	格別な（る）
特に	わけても
有名な	名高い，著名な
役に立つ	有益な
成果のある	実りのある
むずかしい，簡単でない	容易ならざる
しっかりした（土台）	ゆるぎない

いろいろな	様々な
親切に	快く（例：訪問を快く受け入れてくださいまして）
これで（会の終わり）	これをもちまして，以上で，以上をもちまして
このような	かような
こんなに，このように（立派な会）	かくも（例：かくも盛大な会）
この	本（例：本席，本工場，本式典）
どれも	いずれも
どうぞ（よろしく）	何とぞ
続いて	引き続き
お忙しいのに	ご多忙中，ご多忙のところ，ご多用のなか，ご多忙中にもかかわらず
わざわざ遠い所から	遠路はるばる
もうすでに	はや（例：はや3年たちました）
〜なのに	〜にもかかわらず，〜のところ
〜と一緒に	〜と共に，共々
一緒に来た	同行の
〜するための	〜すべき（例：達成すべき目的）

Nouns and noun phrases　名詞と名詞句

（相手の）努力，熱意	ご尽力，お骨折り
（相手の）努力の結果	ご尽力の賜物（たまもの）
親切	ご好意，ご厚情
協力，援助	お力添え
心くばり，協力，援助	ご配慮，ご高配
教えてくださった結果	ご指導の賜物
（相手の）健康	ご健勝（例：ご健勝をお祈りします）
無事	ご安泰（例：旅のご安泰）
親しい関係（国，団体などの）	友好の絆

Verbs and verb phrases　動詞と動詞句

言う	述べる
贈る	贈呈する
行う	挙行する（例：式典を挙行する）
祝う	祝する，祝福する
話し合う	懇談する，歓談する

参加する	臨む（例：競技に臨む）
同じ所に集まる	一堂に会する
会を準備する	本席を設ける
終わる	完了する
終わりにする（パーティー）	おひらきにする
（自分が）努力する	最善を尽くす，微力を尽くす
（相手が）努力してくれる	ご尽力いただく
研究する	研鑽を積む
助けになる	一助となる
気持ちを表す	意を表する
新しくする	新たにする
育てる（友好関係）	育む（はぐくむ）
深く感じる	〜の感を深くする
（2年）になりました	（2年）を迎えました
実現した	〜の運びになった（例：開催の運びになりました）
〜に代わって	〜になり代わって
聞いていると思いますが	お聞きおよびと思いますが
楽しんでください（パーティーなど）	ゆっくりおくつろぎください
がんばってください	ご健闘をお祈りします
教えていただく	ご教示いただく
励ましてもらう	ご鞭撻いただく
また会う	再会する，再びお会いする
楽しみに待つ	心待ちにする
祈ります	お祈りいたします，祈念いたします
（たいへん）感謝します	感謝の念にたえません
（強く）望みます	望んでやみません
喜びます	喜びであります，喜ばしい限りです

Honorifics: Verbs in Humble Speech and Respectful Speech
敬語：謙譲語と尊敬語

1. Verbs with special honorific forms 特別な敬語の形をとる動詞

普通語	謙譲語	尊敬語
行く	参る，伺う	いらっしゃる，おいでになる，お越しになる
来る	参る，伺う	いらっしゃる，おいでになる，お越しになる，来られる，みえる，おみえになる
いる	おる	いらっしゃる，おられる，おいでになる
ある	（あります，ございますは丁寧語）	おありになる
訪ねる	伺う，お伺いする，お訪ねする	お訪ねになる，訪ねられる
する	いたす	なさる
言う	申す，申し上げる	おっしゃる
知っている	存じている，承知している，（目上を）存じ上げている	ご存知だ，ご存知でいらっしゃる
見る	拝見する	ご覧になる，見られる
見せる	お目にかける，ご覧にいれる	お見せになる
思う，考える，知る	存じる	お思いになる，思われる，お考えになる，考えられる
食べる	いただく	召し上がる，上がる，お上がりになる，お食べになる

飲む	いただく	召し上がる，上がる，お飲みになる，飲まれる
招かれる	お招きいただく，（目上から）お招きにあずかる	—
なる	—	おなりになる，なられる
会う	お目にかかる，お会いする	お会いになる，会われる
聞く	うかがう，（話を）拝聴する	お聞きになる，聞かれる
わかる，引き受ける	承知する，かしこまる	おわかりになる，お引き受けになる，引き受けられる
やる，与える	さしあげる（あげるは丁寧語）	お与えになる，与えられる
（相手が）（私に）くれる	—	くださる，賜る
（私が）（相手に）もらう	いただく，賜る，頂戴する	—
〜ている	〜ておる	〜ていらっしゃる
〜てみる	—	〜てごらんになる
〜てくれる	—	〜てくださる
〜てもらう	〜ていただく	—

注）上のリストには，式辞には使われる可能性が低い語（例えば「する」の敬語のあそばす，「思う」の敬語の思し召すなど）は除いてある。

2. *kudasaru* and *itadaku*「くださる」と「いただく」

　最近の傾向として，尊敬語の「(○○が)(出席して)(くださる)」という形は，多くの場合「(○○に)(出席して)(いただく)」という謙譲語として用いられている（例：お集まりいただく）。公式な場では「いただく」のさらに丁寧な謙譲語である「賜る」がよく使われる（例：ご出席賜る，ご臨席賜る）。

3. gozaimasu「ございます」

　敬語には謙譲語と尊敬語という分類に加えて，単に丁寧な言い方としての丁寧語もある。多くの名詞に接頭辞の「お」あるいは「ご」をつけて丁寧語にするが（例：お別れ，ご招待），動詞の場合の「ございます」には「ある」（あります）と「だ」（です）の2つの原形があって，「あります」の意味の「ございます」は丁寧語である。

　「です」は「だ」の丁寧な言い方だが，「でございます」はさらに丁寧な形である。「でございます」には謙譲語と丁寧語の両方がある。例えば「私は山田でございます」は謙譲語だが，「あちらは富士山でございます」は丁寧語である。「でございます」の尊敬語は「でいらっしゃいます」で，例えば「こちらは山田先生でいらっしゃいます」という言い方である。

　よく電話で「もしもし，中村さんでございますか」と言う人がいるが，これは丁寧語と尊敬語の間違った使用で，「中村さんでいらっしゃいますか」が正しい言い方である。

動詞原形	謙譲語と丁寧語	尊敬語
ある	あります，ございます	おありです
だ	です，でございます	でいらっしゃいます

付録 IV. 漢字の読み方リスト
Appendix IV.　List of *Kanji* Readings

The *kanji* selected for inclusion in this list are those which (a) native English speakers may not be familiar with (e.g. ご厚情, 祈念), and (b) require special readings (e.g. 今日 which is pronounced *konnichi*). The *kanji* are listed according to the number of strokes of the first character. Some phrases cannot be used without additional prefix or words which are provided in brackets (e.g. (この)度).

1画	一言	ひとこと	6画	先日	せんじつ
	一時	ひととき		尽くす	つくす
	一助	いちじょ		(ご)尽力	じんりょく
	一行	いっこう		式辞	しきじ
	一昨日	いっさくじつ		式典	しきてん
	一方(ならぬ)	ひとかた		光栄	こうえい
	一端(になる)	いったん		交歓	こうかん
2画	丁重な	ていちょうな		存じる	ぞんじる
	(お)力添え	ちからぞえ		(ご)存じ	ぞんじ
4画	心有る	こころある		(ご)列席	れっせき
	今日	こんにち		多大な	ただいな
	今夕	こんゆう		(ご)多忙中	たぼうちゅう
	今宵	こよい		(ご)多幸	たこう
	(こちらの)方	かた		(ご)安泰	あんたい
	(皆様)方	がた		地鎮祭	じちんさい
5画	且つ	かつ		有為な	ゆういな
	末永い	すえながい	7画	快く	こころよく
	本日	ほんじつ		快諾	かいだく
	本年	ほんねん		(ご)助力	じょりょく
	本席	ほんせき		改めて	あらためて
	主賓	しゅひん		身に余る	みにあまる
6画	当	とう		告げる	つげる
	当たり	あたり		来賓	らいひん
	共々	ともども		伺う	うかがう
	次第	しだい		我々	われわれ
	各位	かくい		更に	さらに

画数	漢字	読み方
7画	折り	おり
8画	表敬	ひょうけい
	所存	しょぞん
	育む	はぐくむ
	念願	ねんがん
	祈念	きねん
	(ご)参会	さんかい
	(ご)参集	さんしゅう
	述べる	のべる
	若人	わこうど
	若干	じゃっかん
	卓越	たくえつ
	披露	ひろう
	明日	みょうにち
	明朝	みょうちょう
	明晩	みょうばん
	明後日	みょうごにち
	承知	しょうち
	拝聴	はいちょう
9画	昨日	さくじつ
	昨年	さくねん
	(この)度	たび
	厚く	あつく
	(ご)厚情	こうじょう
	契機	けいき
	甚だ	はなはだ
	故人	こじん
	訃報	ふほう
	哀悼	あいとう
	追悼	ついとう
	研鑽	けんさん
	重ねて	かさねて
	重ね重ね	かさねがさね
	衷心	ちゅうしん
	祝賀	しゅくが
	(ご)発声	はっせい
	音頭	おんど
9画	栄誉	えいよ
	お悔やみ	おくやみ
	前途	ぜんと
10画	称える	たたえる
	称賛	しょうさん
	挙げる	あげる
	挙行	きょこう
	華やかな	はなやかな
	真摯な	しんしな
	挨拶	あいさつ
	宴会	えんかい
	修める	おさめる
	(ご)冥福	めいふく
	益々	ますます
11画	寄与する	きよする
	(ご)教示	きょうじ
	頂く	いただく
	頂戴する	ちょうだいする
	絆	きずな
	乾杯	かんぱい
	(ご)健勝	けんしょう
	(ご)健闘	けんとう
	捧げる	ささげる
	偏に	ひとえに
	盛大な	せいだいな
	培う	つちかう
12画	晩餐会	ばんさんかい
	提携	ていけい
	(時間を)割く	さく
	御地	おんち
	御社	おんしゃ
	貴	き
	貴重な	きちょうな
	過日	かじつ
	過分な	かぶんな
	極み	きわみ
	幾重にも	いくえにも

12画	絶大な	ぜつだいな		15画	諸君	しょくん
13画	新たな	あらたな			遺憾	いかん
	微力	びりょく			霊前	れいぜん
	(ご)愛顧	あいこ			黙禱	もくとう
	辞	じ		16画	親睦	しんぼく
	滞りなく	とどこおりなく			奮闘	ふんとう
	遠路	えんろ		17画	謝辞	しゃじ
	誠に	まことに			懇談	こんだん
	(名前)殿	どの			謹んで	つつしんで
14画	閣下	かっか		18画	臨む	のぞむ
	精進	しょうじん			(ご)臨席	りんせき
	僭越	せんえつ			贈呈	ぞうてい
15画	締結	ていけつ			かえ難い	かえがたい
	賛辞	さんじ			(ご)鞭撻	べんたつ
	慶祝	けいしゅく			顕著	けんちょ
	賜る	たまわる		19画	繰り広げる	くりひろげる
	賜物	たまもの		21画	顧客	こきゃく
	弊社	へいしゃ				

Pinkerton 曄子（ピンカートン ようこ）
青山学院大学英米文学科卒業。通訳・翻訳の仕事に携わった後，1965年西オーストラリア大学大学院英文科入学。1967年よりメルボルンのモナシュ大学その他の大学で日本語を10年間教え，修士号取得（日英比較文学）。メルボルンにて通訳・翻訳・観光ガイドのエージェントを9年間経営，同時に通訳の仕事に携わる。1989‒2002年モナシュ大学大学院日英通訳・翻訳専攻課程主任，助教授。メルボルン在住。
［著書］『ふたつの文化に生きる——日本とオーストラリア Sharing Two Cultures』（さんこう社，2009）
［共著書］*The Easy Interpreter, Japanese Now ! — For Tourism and Hospitality, The Hospitality English-Japanese Dictionary*（以上 Hospitality Press）

篠田顕子（しのだ あきこ）
国際基督教大学卒業。米国サンフランシスコ州立大学大学院および豪州メルボルンのモナシュ大学大学院で国際関係論と社会学を学び，修士号取得。1970年よりモナシュ大学日本学科で8年教え，その後米国ワシントン州立大学で2年過ごして帰国。通訳に転じ，NHKを中心にニュース報道の同時通訳および国際問題の会議通訳の仕事に携わって20余年。2004年度より東京国際大学教授。
［著書］『愛の両がわ』（原書房，2004年）
［共著］『英語リスニング・クリニック』『英語リスニング・クリニック 初診者コース』（研究社），『放送通訳の世界』（アルク出版），『ボランティア英語のすすめ』（はまの出版），『英語は女を変える』（はまの出版），『今日からあなたの英語は変わる』（NHK出版）

実践 英語スピーチ通訳——式辞あいさつからビジネス場面まで
©Yoko Pinkerton, Akiko Shinoda, 2005　　NDC 837　x, 197p　21cm

初版第1刷──2005年6月25日
第6刷──2014年9月1日

著者─────ピンカートン曄子／篠田顕子
発行者────鈴木一行
発行所────株式会社 大修館書店
　　　　　〒113-8541 東京都文京区湯島2-1-1
　　　　　電話 03-3868-2651 販売部／03-3868-2294 編集部
　　　　　振替 00190-7-40504
　　　　　［出版情報］http://www.taishukan.co.jp

装丁者────岡崎健二
印刷所────広研印刷
製本所────司製本

ISBN978-4-469-24506-6　Printed in Japan

Ⓡ本書のコピー，スキャン，デジタル化等の無断複製は著作権法上での例外を除き禁じられています。本書を代行業者等の第三者に依頼してスキャンやデジタル化することは，たとえ個人や家庭内での利用であっても著作権法上認められておりません。
　本CDに収録されているデータの無断複製は，著作権法上での例外を除き禁じられています。